KB139300

NLP 행복코드로 세팅하라! ②

NLP 행복코드로 세팅하라! 2

펴 냄 2010년 4월 20일 1판 1쇄 박음 | 2019년 06월 07일 3판 1쇄 펴냄

지은이 호리이 케이(堀井 恵)

옮긴이 심교준

펴낸이 김철종

펴낸곳 (주)한언
        등록번호 제1-128호 | 등록일자 1983. 9. 30

주 소 서울시 종로구 삼일대로(경운동) 453 KAFFE 빌딩 2층(우 110-310)
        전화. 02)723-3114(대) | 팩스. 02)701-4449

책임편집 한언편집팀

디자인 최예슬

마케팅 손성문

홈페이지 www.haneon.com

이메일 haneon@haneon.com

ISBN 978-89-5596-875-0 04300

ISBN 978-89-5596-874-3 (세트)

NLP 행복코드로 세팅하라! ②

호리이 케이 지음 | 심교준 옮김

포기를 희망으로 바꾸는 힘,

그것은 당신에게 달렸습니다.

의욕적인 자세로 자신을 믿으세요.

당신의 활기찬 에너지가 당신의 일상 모든 곳에

가득하게 될 것입니다.

NLP에 대한 저의 두 번째 책이 한국에서 출판돼 정말로 기쁩니다.

이 책은 일과 사랑 모두 성공하기 위해 오늘도 애쓰고 있는 많은 여성분들에게 마음을 다해 격려의 메시지를 전달하기 위해 쓴 것입니다.

NLP라는 것이 어쩌면 한국의 독자들에게는 생소하게 느껴질지도 모르겠습니다. 그러나 NLP는 목표 설정이나 원활한 커뮤니케이션을 위한 기법으로 이미 미국, 일본과 같은 국가에서는 그 효과가 널리 알려져 메릴 스트립, 빌 클린턴 같은 유명 인사들도 적극 활용하고 있습니다. 이번 계기로 한국에서도 NLP가 널리 보급되기를 바랍니다.

일본이나 한국이나 모두 커다란 변혁의 시기에 접어들고 있는 것으로 보입니다. 과거에 비해 여성의 사회 진출이 많아졌고 또 그러한 여성들이 각자의 위치에서 제몫을 할 수 있는 여건도 어느 정도는 이루어진 것 같아서입니다. 그러나 여전히 여성들이 일과 사랑을 모두 해나가는 데 어려움을 주는 요소들이 산재해 있는 것 같습니다. 예컨대 결혼하면 퇴직을 해야 한다는 주변의 압박, 유리 천장과도 같이 보이지 않게 작동하는 남성 위주의 문화 그리고 여자는 집안일을 잘해야 한다는 전통적인 여성 차별적 인식 등…. 이러한 이유로 여성들은 수많은 문제에 부딪히고 때로는 좌절하기도 합니다. 그때마다 이 책이 작은 도움이나마 되었으면 좋겠습니다.

저는 여성도 남성도 다 똑같이 소중한 존재로서 함께 이 세계를 받들어간다는 자각과 긍지를 가지고 서로 조화롭게 살아가기를 바랍니다. 또한 여성도 한 사회의 구성원으로서 모두 자신의 역할에 충실하면서 꿈을 향해 나아가기를 진심으로 바랍니다.

아울러 사람이 사람의 존엄성을 소중히 여기는 풍토가 확립된 세계를 만드는 데 작은 디딤돌이라도 되었으면 좋겠습니다.

역자인 심교준 박사는 NLP를 제대로 배우고자 하는 일념으로 수년간 매월 빠지지 않고 도쿄에서 여는 제 세미나에 참으로 열심히 참석해주었습니다. 단지 사람들의 행복을 위하고자 하는 마음 하나로 지금도 그러한 성실성과 열정을 기울이고 있는 모습에 진심으로 존경하지 않을 수 없습니다. 더불어『NLP 행복코드로 세팅하라!』에 이어 저의 책을 한국에 소개할 수 있게 해준 한언 출판사의 김철종 사장님과 편집진에게도 감사의 말을 전하고 싶습니다.

이제 한국과 일본이 더욱 가까워져서 좋은 친구로서 세계에 함께 공헌해가기를 기원합니다.

호리이 케이 堀井恵

요즈음에는 스스로 의욕적인 자세로 매일같이 있는 힘을 다해 노력하며 살아가는 여성을 많이 봅니다. 그렇게 하는 이유나 목적은 서로 다를 것입니다. 주위의 기대에 부응하기 위해, 높은 평가를 얻기 위해, 자기 스스로 자신을 인정하기 위해, 혹은 더욱 많은 돈을 벌기 위해서인지도 모릅니다.

그러나 재능이 풍부하고 능력도 충분한데도 왠지 모르게 인생을 포기해 버리는 여성도 많이 있는 것 같습니다. 또 자기에게는 재능도 능력도 없다고 아무 근거 없이 자기 혼자 단정하고는 무슨 일에나 쉽게 좌절해버리는 여성도 보입니다.

여성에게는 인생의 단계가 있습니다. 일에 힘을 쏟을 시기, 결혼을 전후한 시기, 임신·출산 시기, 자녀 양육 시기 혹은 노부모나 시부모 간병 시기가 있을 수도 있습니다. 그럴 때마다 힘에 부쳐 어느 한 가지를 포기하지는 않나요? 포기 뒤에 오는 좌절감 때문에 자책하지는 않나요?

"의욕적인 자세로 자신을 믿으세요."

하루하루를 열심히 살아가고 있는 모든 여성들에게 바로 이 메시지를 보내드리고 싶어 이 책을 씁니다. 원래 사람이란 누구나 포기하지 않고 자신을 믿고 계속해 나가면 자기가 정말로 원하는 성과(outcome)를 만들어낼 수 있는 힘을 지니고 있습니다. 그것을 효과적으로 지원하는 것이 NLP(Neuro-Linguistic Programming: 신경-언어 프로그래밍)입니다.

필자는 그동안 15년 이상 NLP라는 심리학과 언어학을 체계화한 새로운 학문 분야의 트레이너로서 그리고 코치로서 많은 여성들을 만나왔습니다. 처음에는 불과 몇 명 되지 않는 수강생으로 시작했던 NLP 세미나는 조금씩 구전으로 퍼져 나가 지금은 100명 이상의 수강생이 모이는 규모로 발전했습니다. 그래서 그 세미나나 개인 코칭을 통하여 많은 여성들의 얘기를 들었습니다. 너무나 사소한 일로 자신감을 잃었다거나, 자기가 바라는 길과는 전혀 다른 길을 걷고 있다든지, 남성 사회 속에서 좌절 직전에 빠진 여성들…. 그뿐만 아니라 자기가 살아가야 하는 의미조차 찾아내지 못할 만큼 매우 고통스러워하는 여성도 있었습니다. 그러한 사람들의 고민은 그야말로 갖가지로 같은 것은 별로 없었습니다.

그리고 사람들이 행복해 하는 모습도 갖가지로 같은 것은 없습니다. 행복 만들기란 한 사람 한 사람의 주문품(order made)입니다. 세미나나 코칭을 통해 그러한 사람들의 변화를 가까이에서 지켜보아왔습니다.

자기 자신의 현재 상태에 대한 자각에서 시작했던 그녀들이 NLP를 익히면서 각각 크게 변화하여 진정한 행복을 손에 넣고 세미나 룸을 뛰어나갔습니다.

이 책을 손에 든 여러분은 이제부터 좀 더 어깨의 힘을 빼고, 즐겁고 활력 넘치게 살아가기를 바랍니다. 그러한 에너지가 당신의 직장이나 가정으로 번져나가고 나아가서는 사회 전체에 퍼져서 우리나라 자체가 밝고 힘차게 빛나기를 바랍니다. 이것이 저의 염원입니다.

아름답고 멋진 여성들이 자신을 믿고, 새로운 한 걸음을 내딛는 데에 이 책은 반드시 큰 도움이 될 것입니다. 당신의 「포기」를 「의욕」으로 바꿔줄 것입니다.

"NLP? 그게 뭐야?"라고 묻는 분이 계시다면, 이 책은 NLP를 알기 위한 입문서로도 도움이 될 것입니다. NLP의 핵심과 그 획기적인 효과를 이 책을 통하여 이해하게 될 터입니다.

남성도 꼭 한 번 읽어주기 바랍니다. 여성 직원의 성장을 돕기 위하여, 그리고 있는 힘을 다해 진력하는 당신의 배우자나 파트너에게 힘을 불어넣어주기 위해서라도, 인간의 힘을 이끌어내는 NLP 기법을 활용해 보시기 바랍니다. 아마 그 커다란 효과에 놀랄지도 모릅니다.

호리이 케이

堀井惠

지금부터 이 책에서 소개하는 기법이나 사고방식을 오늘부터 바로 실행해보시기 바랍니다. 그러면 어제까지의 이런저런 고민이나 걱정은 사라지고 스스로 커다란 자신감을 느끼게 될 것입니다. 또 이런 일상이 생활화된다면 여러분은 행복을 실현하는 데 든든한 지원군을 얻고, 나아가 인생의 목표를 이룰 수 있을 것입니다.

그래서 여러분이 소속된 분야에서 최고가 되겠다거나 다른 사람을 위해서 봉사하겠다거나, 돈을 벌어 갖고 싶은 것을 얻는다거나 하는 진취적이고 건전한 욕구를 가지기를 바랍니다. 인간관계, 일, 사랑 등 여러분이 원하는 모든 것이 실현되어 풍요로운 인생을 누리기를 진심으로 기원합니다.

이 책은 한 사람의 여성(은정 씨)이 일과 사랑에서 느끼는 고민이나 문제를 해결해가면서 성장하는 모습을 독창적으로 구성해, 5개의 장으로 정리했습니다. 물론 이 책에 등장하는 은정 씨는 실재 인물은 아닙니다. 그러나 많은 여성이 실제로 겪는 고민이나 문제를 '은정 씨'라는 가

상의 인물에게 그대로 반영하려고 노력했습니다. 그런 의미에서 어쩌면 '은정 씨'는 오늘을 사는 여성 모두의 대변인일 수도 있고 바로 여러분일 수도 있습니다.

NLP에는 다양한 기법이 있지만, 이 책은 30대 여성의 일과 사랑, 나아가 인생의 계획을 세우는 데 초점을 맞추고 있으므로 여기에 도움이 되는 중요한 기법을 중점적으로 소개합니다. 어느 것이나 기본적인 내용이기 때문에 크게 어려운 것은 없습니다.

그리고 이 책에는 다양한 코너가 있습니다.

예를 들면 「자기 점검 1」에서 소개한 '대표 체계'나 '시선 식별 단서'의 의미와 같은 내용을 따라해 보고 자신의 것으로 만들면, 실제의 커뮤니케이션 환경에서도 대화의 실마리를 마련하거나 화제를 찾는 데 활용할 수 있을 것입니다.

「실천 NLP」에서는 혼자서도 체험해볼 수 있도록 다양한 NLP 기법의 프로세스를 상세하게 설명했습니다.

그리고 본문 중에 '굵은 글자'로 되어 있는 부분은 NLP 기법 중에서도 상대방의 말에 맞추어 따라하는 '말 맞추기(backtracking)' 기법이 사용되는 곳입니다. 이 부분을 잘 숙지하며 읽는다면 이 기법을 실천하기 위한 요령을 자연스럽게 익힐 수 있을 것입니다. 책의 부록에 수록되어 있는 「NLP식 아웃컴 달성 시트」는 가능하면 복사를 하여 휴대하면서 기입, 수정하면서 실생활에 반영하여 지속적으로 관리하시기 바랍니다.

책의 부록에서는「NLP 기본전제」를 소개합니다. 이것은 커뮤니케이션은 물론 인생의 원칙이라고도 말할 수 있는 것이므로 꼭! 여러분 것으로 만드시길 바랍니다. 그리고 NLP를 처음으로 알게 된 분들도 쉽게 이해할 수 있도록 책 가운데 등장하는 용어를 해설한「NLP 용어 해설」도 첨부해 두었습니다.

자, 이제 본문으로 들어갈 준비가 되셨다면,

당신의 꿈을 이루기 위한 계단을 하나씩 밟아 나가도록 하죠.

"하아, 피곤해…"

올해로 서른인 은정 씨, 밤늦게까지 보고서를 정리하다가 한숨을 내쉰다.

여행 대리점에서 영업 업무를 담당한 지 올해로 10년째. 그동안 별 탈 없이 근무했고 이제는 부하 직원까지 거느린 전형적인 커리어 우먼. 아직 결혼은 하지 않았지만 사귄 지 5년 된 남자 친구도 있어 직장 생활이나 사생활 모두 순조로워 보인다. 요즘 흔히 말하는 골드미스.

그러나 최근, 일도 사랑도 왠지 모르게 어긋나는 것 같다. 업무에 집중하기도 어렵고 마음 한구석은 허전하기만 하다.

새로 부임한 강 부장은 지난주에도 은정 씨의 제안을 묵살했다. '지방 청소년들을 위한 학습 멘토링 여행 패키지'에 대한 기획안이었는데 이번이 벌써 세 번째. 나름대로 온 힘을 다했다고 생각했고 주변의 반응도 좋았다. 자신감이 있었기에 자신의 기획만이 왜 받아들여지지 않는지 도무지 알 수가 없다. 상사의 계속되는 묵살 때문에 점점 자신감도 떨어지고 이제는 그 상사 앞에 서기도 부담스럽다.

1년이나 가르친 부하 직원은 아직도 똑같은 실수를 저지른다. 믿음이 안 가서 무슨 일을 맡겨도 조마조마하다. 일 가르치랴 자기 일하랴 몸이 열 개라도 모자라다. 그뿐이랴, 지난주에는 남자 친구에게 힘든 직장 생활에 대해 푸념을 늘어놓는다는 것이 그만 말싸움으로 번져 버렸다. 일도 사랑도 도대체 제대로 되는 일이 없다. 늘어가는 건 주름살과 한숨뿐이다.

"내가 무엇 때문에 매일 이 일을 하고 있는 거지?"

요즘 이런 푸념만 늘어놓고 있는 자신을 발견하고 깜짝 놀라곤 한다. 20대 때는 시키는 대로 열심히만 하면 어느 정도 성과를 얻을 수 있었다. 그래서 복사, 자료 수집, 커피 타기 등 허드렛일에서부터 큰 이벤트의 기획까지 가리지 않고 일했다. 그렇게 숨 쉴 틈 없이 일했더니 주변에서도 어느 정도 인정을 받았다. 그런데 지금은 아니다. 그동안 최소한 일에서는 보람을 느껴왔는데 요즘은 왠지 모든 것이 무기력하다.

은정 씨는 우울하고 지친 마음에 가까운 지방에 사는 어머니에게 전화했다. 은정 씨의 어머니는 보험 영업을 하며 가계를 꾸려온 커리어 우먼이었다.

"엄마, 나… 일 때려치우고 시집이나 갈까? 일도 못하겠고 나이는 먹어가고…."

"시집간다고? 호호 그것 참 반가운 소리구나."

엄마는 남의 속도 모르고 '큭큭' 웃음 참는 소리를 낸다. 은정 씨는 속이 뒤집혔다. 속상한 마음 달래려고 전화했더니 위로해주지는 못할망정 아주 속에 기름을 붓는다.

"뭐야, 내 말이 우스워? 엄마랑 더 말 안 할래. 어차피 엄마는 아무것도 모르잖아. 내 기분이 어떤지…."

"미안 미안. 아니야. 나도 너랑 같은 고민을 했던 때가 생각나서 그랬어".

"정말이야?"

"정말이라니까. 은정아, 내가 아는 분을 한번 만나볼래? 너한테 소개해주고 싶은 사람이 있거든. 틀림없이 너한테 도움이 돼주실 거야. 나도 전에 도움을 받은 적이 있어. 그러니까 한번 만나보지 않을래?"

"엄마가 아는 분이라니, 어떤 분?"

"음, 조금 과장해서 말하자면 마술사 같다고나 할까?"

"마술사라니? 무슨 말이야?"

"알기 쉽게 말하자면 케이 선생님은 커뮤니케이션의 달인이라고 할 수 있지. 만나보면 알 거야. 그래, 우선 회사 일로 코칭을 받아보면 어떨까? 여러 가지로 얻는 것이 많을 테니까."

은정 씨는 잠깐 망설였다. '마술사'라는 말도 잘 와 닿지 않았다. 도대체 어떤 사람이기에 마술사 같다는 말씀을 하시는 건지 이해가 가지 않았다. 그리고 '어머니가 말씀하시는 분이 아무리 뛰어난 사람이라도 지금의 상황을 단번에 고쳐줄 수 있을까?' 하는 생각도 들었다. 10년 후면 마흔인데, 어떤 사람을 한 명 만난다고 해서 지금껏 다져온 자신의 모습이 쉽게 변할 것 같지도 않았다.

"엄마, 정말 믿을 만한 사람이야? 회사 밖에서까지 일 이야기하고 싶지도 않고 요새 마음도 복잡한데 괜히 만났다가 시간 낭비만 하는 거아냐?"

"그래도 지금 네가 가진 고민 중에 어쩌면 가장 큰 고민이 회사 일에 대한 고민이라고 할 수 있으니까 밑져야 본전이라고 생각하고 일단 한번 만나봐. 후회하지 않을 거야."

"그래? 별로 도움 안 되기만 해봐. 확 시집가 버릴 테니까."

"뭐, 그래 주면 나야 고맙지 뭐."

엄마의 웃음을 뒤로하고 전화를 끊었다.

고민하던 은정 씨, 결국 못 이기는 체하고 엄마가 소개해준 분을 한번 만나보기로 했다.

'그래, 한번 만나보지 뭐 손해 볼 건 없으니까.'

CONTENTS

Part. 1

현명한

커뮤니케이터가

되자

For Woman's Excellent Life

은정 씨는 짬이 나는 시간에 그 '마술사'를 만나려고 약속된 장소로 찾아갔다. 무심코 또 '피곤해'라고 말하며 한숨을 쉬고는 잠시 기다리고 있는데 중년의 여성이 미소를 지으며 들어섰다. "은정 씨, 잘 오셨네요. 어서 오세요. 어머니께선 안녕하시고?" 전해 받은 명함에는 'NLP연구소 대표 호리이 케이'라고 쓰여 있었다.

'이분이 그 마술사란 사람인가?'

은정 씨는 은근히 긴장하기도 했지만, 한편으로는 케이라는 분의 엄마처럼 포근히 감싸주는 인상에서 묘한 안도감을 느꼈다.

케이선생님과 은정 씨의 이야기를 들어보자.

첫 만남부터 친밀감을
느끼게 하는 법

"안녕하세요, 이은정입니다. 어머니께서 '케이 선생님은 커뮤니케이션의 달인'이라고 하셨어요. 오늘은 회사 일로 선생님께 코칭을 받고 싶어서 찾아뵈었습니다. 잘 부탁합니다."

"안녕하세요, 은정 씨. 어머니께 말씀 많이 들었어요. 회사 일로 코칭을 받고 싶다고요? 은정 씨 어머니를 처음 뵈었을 때가 떠오르네요. 은정 씨 어머니도 옛날에 친구 분의 소개로 찾아오셨지요. 무슨 이야기든 해주세요. 저도 은정 씨에게 도움이 되고 싶어요. 자, 이쪽으로 앉으시죠."

오늘, 처음 은정 씨를 만나자 그녀의 어머니와 처음 만났던 때의 일이 선명하게 떠올랐다. 영리하고 승부욕이 있어 보이며 발랄한 은정 씨에게서 그녀의 어머니 모습이 포개어져 그리운 옛 기억과 함께 친밀감이 느껴졌다. 꼭 힘이 돼주고 싶다는 생각이 더욱 강하게 들었다.

"고맙습니다. 웬일인지 오늘 처음 뵈었다고 할 수 없을 만큼 편안한 마음입니다. 사실 어머니께서 선생님은 마술사라고까지 말씀하셨기 때문에 어떤 분인지 궁금했습니다. 그런데 선생님께서는 뭐라도 얘기할 수 있을 것 같네요."

"저런, 마술사라고? 어머니께서 과찬을 하셨네요."

우리들은 얼굴을 마주 보고 웃었다. 은정 씨가 조금 마음을 열게 된 것 같은 느낌이 들어 바로 본론으로 들어갔다.

"그럼, 우선 일에 대한 얘기를 해주지 않을래요?"

"네, 저는 대형 여행사에서 기획 영업을 하고 있습니다. 오래전부터 여성을 타깃으로 한 여행을 기획하고 싶어서 몇 번인가 위에 품의를 올렸지만, 잘 통과되지 않아요. 지금의 강 부장님은 올해 들어 저희 부서로 이동해 온 분인데 어쩐지 저와는 마음이 맞지 않는 것 같아요. 얼마 전에도 제 기획안을 받아주지 않았거든요. 이번에는 전에 거부당했던 기획안을 새롭게 다듬어서 동료와 주위 사람들에게도 검토를 받고 수정을 거듭해 상당히 잘된 내용의 기획이어서 자신감도 있었습니다. 그런데도 결과는 또 '역시나'였습니다. 도대체 무엇 때문에 거부당했는지 그 이유도 모르겠어요. 이제 뭘 어떻게 하면 좋을지, 어찌하면 상사에게서 'OK' 받을 수 있는 기획을 할 수 있을지 생각도 나지 않고 아이디어도 말라버렸어요. 참고가 될지 어떨지 모르겠지만 지금까지 제출했던 기획안들을 가지고 왔는데요."

"그래요? 그럼 한번 보여주실 수 있나요?"

은정 씨가 만든 기획안을 들여다보니 상당한 노력을 들였음을 한눈에 알 수 있을 정도로 매우 완성도가 높은 솜씨였다. 기획안에는 기획 배경이나 시장 조사 결과, 설문 결과 등이 가득히 메워져 있었는데 그 기획안을 한 장씩 넘기며 보고 있는 사이에 나는 한 가지가 마음에 걸렸다.

"강 부장님과 '마음이 맞지 않는다'라고 했는데 그건 어떤 일이죠?"

"평소에도 내 얘기를 들을 때에는 눈살을 찌푸리며 불쾌한 듯한 표정을 짓는 때가 많아요. 기획안을 보이며 자세하게 설명을 해도 잠깐 들여다보고는 '이미지가 안 떠올라'라든지, '메리트가 안 보여'라는 말만 할 뿐, 어디가 안 좋은지 말씀이 없어요. 그러니 저는 매번 '잡친 기분'이 돼 버려요."

"그래요. 그러면 정말 잡친 기분이 돼버리겠네요. 얘기를 들어보니 '대표 체계' 차이 때문에 커뮤니케이션이 잘 안 될 가능성도 있는 것 같네요."

"대표 체계라뇨?"

"네, 대표 체계. 일단 거기에 대한 설명을 하기 전에 어째서 은정 씨가 저를 처음 봤는데도 편안한 기분이나 친밀감을 느꼈는지 알겠어요? 사실은 여기에도 제가 가르치고 있는 NLP의 커뮤니케이션 기법이 들어가 있었어요."

"NLP라고요? 친밀감을 느끼게 하는 기법 같은 것이 따로 있다는 말인가요?"

NLP란 NLP란 Neuro-Linguistic Programming(신경-언어 프로그래밍)의 약자이다. 1970년대에 미국에서 리차드 밴들러[Richard Bandler]와 존 그린더[John Grinder]가 인간의 커뮤니케이션에 관하여 심리학과 언어학을 바탕으로 체계화한 새로운 학문이다.

인간은 오감을 통하여 환경 정보를 받아들이고 그것을 뇌로 보내서 이해하는데, 그 구조에 대하여 분석하고 실제 상황에서 활용 가능하게 만들었다는 점이 특징이다. 70년대 당시, 미국에서 매우 뛰어났던 3인의 천재적 심리 테라피스트(프레드릭 펄즈, 버지니어 새티어, 밀튼 에릭슨)가 사용했던 방법을 연구하고 그것을 본받아서(modeling)개발했다. 당초 상담과 심리 치료의 새로운 접근 방법으로 출발했으나 최근에는 커뮤니케이션 및 동기 부여, 목표설정, 리더십, 교육, 경영과 세일즈, 협상, 스포츠 등 여러 분야에서도 폭넓게 활용되어서 미국, 일본을 비롯한 여러 국가에서 각광 받고 있다. NLP를 활용하고 있는 대표적인 인사로는 빌 클린턴(前 미국 대통령), 메릴 스트립(배우), 안드레 아가시(테니스 선수) 등이 있다.

"아, 선생님 이야기를 들으니 NLP에 대해서 조금 알 것도 같습니다. 그런데 선생님과는 오늘 처음 뵙는데 이상하게도 포근함이랄까? 아무튼 편안한 마음을 가질 수 있었어요. 혹시 이것도 NLP와 관련된 것인가요?"

관계성(rapport : 래퍼)

으로 通通한다　　　　　이야기를 계속하면서 은정 씨의 모습을 잘 관찰해보았다. 표정이나 몸짓, 시선의 움직임 등을 살펴보았다. 그때 은정 씨가 왼손을 귀 근처에 갖다 대었다. 그 동작을 흉내 내듯이 나도 자연스럽게 손을 귀 근처에 갖다 대면서 설명을 시작했다.

"NLP에서는 친밀감을 느끼게 하여 신뢰 관계를 구축하는 것을 '관계성(rapport : 래퍼)을 형성한다'라고 하지요. 이 관계성을 형성하기 위한 NLP 기법으로는 몇 가지가 있는데, 오늘 은정 씨에게는 호흡 맞추기(pacing), 말 맞추기(backtracking), 행동 맞추기(mirroring)라는 기법을 사용했어요."

"관계성…? 호흡 맞추기, 말 맞추기, 행동 맞추기?"

"그래요, 간단히 설명하도록 하죠."

관계성(rapport)이란? 관계성이란 원래 프랑스어인 'rapport'를 말한다. 프랑스인은 보통 '하퍼'에 가까운 발음을 하는데 영어권에서는 주로 '래퍼'로 발음한다. 그리고 관계성에는 긍정적인 측면과 부정적인 측면이 있다. 일반적으로 '관계성' 하면 친밀감이나 신뢰감, 호감, 공감 등과 같은 긍정적 측면의 개념을 떠올리기 쉽다. 물론 우리가 부정적인 관계성을 맺을 필요는 없지만 긍정적인 것만이 관계성의 전부는 아니라는 점을 명심하자. 비유적으로 말하자면 심리적인 다리를 놓는 것이라고도 할 수 있다. NLP에서는 상대방과 긍정적인 관계를 구축하는 것을 '관계성을 형성한다'라고 한다.

호흡 맞추기(pacing) 상대방의 호흡이나 의식 상태에 맞추는 기법이다. 격앙되어 있어 빨리 말하는 사람에게는 빨리 말하는 대로 호흡을 맞추고, 천천히 말하는 사람에게는 그 사람과 같은 속도에 맞추어 천천히 호흡하여 응대하는 것이다. 호흡이 일치되면 그 다음에는 상대방의 호흡을 나의 패턴으로 이끌(leading) 수 있다.

말 맞추기(backtracking) 상대방이 하는 이야기의 키워드를 그때그때 내 입에 담아 똑같이 말하는 것(순차 말 맞추기)인데, 다 듣고 나서 한 번에 요약해서 다시 말해주기(요약 말 맞추기)도 한다. 그렇게 하면 내 얘기를 잘 듣고 있구나 하는 만족감, 더욱 얘기하고 싶은 의욕을 이끌어낼 수 있다. 은정 씨와의 첫 만남에서 '회사 일로 코칭을 받고 싶다고요?'라고 한 부분이 말 맞추기에 해당된다(이 책에서는 읽는 사이에 자연스럽게 말 맞추기를 몸에 익히도록 하기 위하여 본문 중에 말 맞추기 부분은 굵은 글자로 표기해 두었다).

행동 맞추기(mirroring) 상대방의 여러 가지 몸짓을 내가 거울이 된 듯이 그대로 맞추어 따라하는 기법이다. 앞에서 은정 씨의 동작에 맞추어 귀 근처에 손을 갖다 댄 것이 여기에 해당된다. 이렇게 하면 무의식적으로 일체감이 생겨나 결과적으로 상대방에게 안도감을 줄 수 있다. 주저하지 말고 아무렇지 않게 자연스럽게 하는 것이 요령이다.

"정말! 이런 기법들로 친밀감을 느끼게 만드는군요. 선생님께서는 너무나 자연스러워서 전혀 알아차리지 못했어요."

"그래요. 은정 씨가 이야기하는 사이에 내가 그 말에 맞추어 따라했다든지, 손동작에 맞추어 같이 움직였다든지, 이야기를 하는 템포나 호흡에 제가 맞추었던 거지요. 조금 전에 은정 씨가 '정말!'이라고 말했을 때, 목소리의 톤이 올라갔기 때문에 나도 바로 목소리를 높였지요. 그렇게 하면 무의식적으로 상대방에게 친밀감이 들게 하고 편안함을 느끼게 되는 거죠. 아주 간단하고 기본적인 기법인데도 매우 효과적입니다. 꼭 시도해보세요."

은정 씨가 눈을 빛내는 모습을 보고, 평소에 당연한 것처럼 사용하고 있는 NLP 기법의 강력함을 새삼스레 깨달았다. 그리고 동시에 내가 NLP를 처음 접했던 때의 기쁨이 다시 살아나는 것이 느껴졌다.

대표 체계로 백전백승

프레젠테이션　　　　　"자, 지금부터는 '대표 체계'에 대해 얘기해보죠. 먼저 우리 인간의 구조를 살펴보도록 해요. 인간은 오감을 통해 여러 가지 환경 정보를 인식하고 있죠. 오감이란 시각, 청각, 촉각, 후각, 미각을 말합니다."

"네. 그렇죠."

"이 오감을 크게 3가지로 나눈 것, 즉 시각, 청각 및 체각을 '대표 체계'라고 해요. 체각은 촉각과 후각, 미각을 포함한 거죠. 사람들은 이 '대표 체계' 중에서도 버릇이 되어 자주 쓰는 체계가 있지요."

"자주 쓰는 체계요?"

"그래요. 은정 씨, 오른손잡이들이 오른손 쓰는 것과 같아요. 어려서부터 버릇처럼 습관적으로 특정 감각을 자주 쓰는 것이죠. 예를 들면 당신은 청각과 체각을 자주 쓰는 것 같네요."

"네? 제가 청각과 체각을 주로 사용한다고요?"

"네, 이 기획안을 보면서 설명하도록 하지요. 매우 이론적이고 참신한 내용들이 구체적으로 쓰여 있어 흥미롭네요. 기획 배경도 빈틈없이 기술되어 있어 아주 잘 만든 기획안이지만 지나치게 문자 위주로 되어 있어요."

"그러고보니, 정말 문자투성이군요."

"이런 식으로 이론적인 사고로만 사물을 분석하고 설득하려고 하는 것을 보면 청각이 강한 유형임을 알 수 있죠. 은정 씨는 자각하지 못하고 있겠지만 자기소개를 했을 때, 은정 씨를 다른 몸짓 없이 말로만 설명한 것을 보아도 청각이 강하다는 것을 알 수 있지요."

"아…, 그동안 잘 못 느끼고 있었는데 듣고 보니 정말 그렇군요."

"체각이 강하다는 것은 이야기 중에 '잡친 기분', '편안한 기분'과 같은 단어를 사용하는 것에서 나타나지요. 체각이 다른 감각에 비해 많이 사용되고 있으니까 감각적인 단어가 먼저 튀어나오는 것이지요."

"그렇군요."

"그런데 강 부장님은 아마도 전형적인 '시각 우위형' 사람인 것 같군요."

"어머, 강 부장님과 만나지도 않았는데 어떻게 알죠?"

"은정 씨의 이야기를 통해서 강 부장님의 표현을 들었으니까 알죠. '이미지가 안 떠올라', '메리트가 안 보여'라는 말에서 '이미지', '안 보여'와 같은 말은 시각이 강한 사람이 흔히 쓰는 단어거든요."

"그런 곳에서도 대표 체계를 알 수 있군요."

"그렇지요. 당신은 청각과 체각, 강 부장은 시각이 대표 체계인 거죠."

"그래서 저와 강 부장님은 대표 체계가 달랐던 거군요. 서로 커뮤니케이션이 안 되는 데는 이유가 있었네요."

"그래요. 당신의 기획안은 청각이 강한 상사였다면 장점을 이해하여 주셨겠지만, 시각이 강한 강 부장님이라면 문자투성이라 이해하기 어렵겠지요. 그러니까 시각이 강한 상사에게는 이 기획안이 실행되었을 때의 이미지가 바로 떠오를 수 있도록 기획안을 구성해 프레젠테이션을 하면 좋아요."

"이미지가 떠오르다니요?"

"시각에 호소하는 자료 말이에요. 말하자면 사진이나 그래프 등을 넣는다던가, 문장도 그 그림을 보고 있는 듯이 서술하면 강 부장님도 이미지를 떠올리기 쉬워질 거예요."

"아! 생각해보니, 제 기획안에는 그런 요소가 들어가 있지 않아요."

"그렇죠? 은정 씨가 지금 얘기하는 대로예요. 이미지를 차례차례 떠올릴 수 있도록 기획안을 바꿔 만들면 시각이 강한 상사에게 훨씬 설득력 있게 다가갈 수 있을 거예요."

"뭐랄까… 항상 프레젠테이션 자료를 만들 때 시각적으로 잘 구성해야겠다고 생각은 하지만 실천하기는 힘들었어요. 개인적으로 도형이나 그림을 활용하는 것도 부족했고요. 무엇보다 준비한 문서 자료를 한 화면에 다 담아야 한다는 생각을 가지고 있었거든요. 지금 선생님 말씀을 듣고보니 이제 제가 무엇을 해야 좋을지 명확하게 되었습니다! 시각 우위형 사람에게 발표를 할 때는 어떤 내용을 담느냐 하는 것도 중요하지만 어떻게 화면을 구성해서 전달하느냐가 중요하다는 말씀이시군요. 아! 앓던 이가 빠지는 느낌이네요. 그동안 제가 너무 다른 사람 탓만 해왔던 것 같아요. 받아들이는 사람의 성향은 고려하지 않았던 거죠. 다음 발표부터는 우선 시각적인 면을 먼저 생각해 봐야겠네요."

앞으로 은정 씨는 어떤 노력을 하게 되고 어떤 결과를 얻게 될까?

나도 즐거운 마음으로 은정 씨와 헤어졌다.

강의노트 | 대표 체계를 적절히 사용하자

사람에게는 시각, 청각, 체각 우위의 3가지 유형이 있다. 우리들은 평소 시각, 청각, 촉각, 후각, 미각이라는 오감을 통하여 외부로부터 정보를 받아들인다. 이 오감을 NLP에서는 크게 3가지, 시각(V : Visual), 청각(A : Auditory), 체각(K : Kinesthetic)으로 나누어 활용한다. 이 세 가지를 표상 체계(representational system)라고 한다. 체각에는 촉각, 후각, 미각이 포함되어 있다. 우리는 이러한 감각을 통해 외부 정보를 뇌에서 언어화해서 의미를 부여하고 부여된 의미에 반응하면서 생활하고 있는 것이다. 사람이면 누구나 이러한 감각을 사용하고 있지만 오른손잡이, 왼손잡이가 있듯이 사람마다 비교적 편리하게 사용하는 감각이 따로 있다. 이것을 '대표 체계(preferred representational system : 선호 표상 체계)'라고 한다.

◐ 시각 우위형 사람 시각이 우위인 사람은 머릿속에서 그림을 본다든지, 이미지를 떠올리면서 이야기한다. 이야기할 때는 손바닥을 아래로 향하여 거기에 뭔가 있기라도 하듯이 손으로 여기저기 가리키면서 이야기하는 경향이 있다. 자기에게만 보이는 그림에 따라 말하므로 이야기의 흐름이 갑자기 바뀔 때가 많다. "나는 그렇게 본다"라든가 "그런 모습이 그려지네요"와 같은 말을 사용한다. 이야기할 때 손을 움직이는 방식이나 시선이 위쪽으로 향하는 경향이 있다.

◐ 청각 우위형 사람 청각이 우위인 사람은 단어를 매우 중요하게 다룬다. 말을 할 때, 논리적인 사고로 분석하고 머릿속에서 정리된 대로 이야기한다. 무엇인가를 듣고 있는 것처럼 손을 뺨에 갖다 댄다든지 고개를 비스듬히 기울여 듣는 경향이 있다. "내게는 이렇게 들리는데", "난 이렇게 생각해"와 같은 단어를 많이 쓴다. 이야기할 때 그다지 표정 변화가 없고 손짓도 적으며 시선을 좌우(수평)로 많이 움직이는 경향이 있다.

◐ 체각 우위형 사람 체각이 우위인 사람은 자기의 감각을 매우 중요시한다. 이야기를 할 때에 손바닥이 위로 향하는 경우가 많고 자신의 생각을 말할 때 손짓이나 몸짓과 같은 제스처를 많이 사용하는 경향이 있다. 또 자신의 느낌을 표현하는 말 예컨대 "이런 느낌이야", "잘 어울리네", "딱 들어맞는데"와 같은 말을 자주 사용한다. 비교적 느릿한 속도로 이야기하며, 상대방과 이야

기할 때 시선이 아래로 가는 경향이 있다.

※어떤 유형이 특별히 좋거나 나쁜 것은 아니다. 이 세 가지 감각을 자유자재로 활용할 수 있도록 연습하는 것이야말로 자기의 커뮤니케이션 능력을 높여 현명한 커뮤니케이터가 되는 지름길이다.

대표 체계를 알면
상대가 보인다

사람과 관계를 맺을 때에는 자기만이 아니라 상대방이 시각, 청각, 체각 중에서 어느 대표 체계를 자주 사용하는가를 파악하고, 그 대표 체계에 맞춤으로써 더욱 효과적인 커뮤니케이션을 할 수 있다.

예를 들면 청각 우위형 상사와 체각 우위형 부하 직원이 얘기를 나눌 때에 다음과 같은 장면이 연출되는 경우를 볼 수 있다.

"이봐 김 대리, 이번 기획안에 첨부할 마케팅 자료를 어떻게 구성할 생각이지?"

"과…과장님 지금 보고드리겠습니다".

"경쟁사의 유사한 기획을 참고하고 최신 트렌드를 반영해서 마케팅 방안을 만들 생각이야?"

"그…그게…."

(뭐라고 말을 하려고 하지만 머뭇거리는 김 대리를 보면서) "아니면 지난번 기획안처럼 소비자의 통계 자료를 분석해서 만들 생각이야?"

"…." 김대리는 머릿속에 많은 말이 맴돌고 있지만 어떤 말부터 먼저 해야 할지 몰라 또 머뭇거린다.

"도대체 무슨 말이라도 해야 내가 옳은지 판단할 거 아냐?"

"…."

김 대리는 마음은 답답하지만 말로 표현하지는 못한다. 입사한지 벌써 3년차지만, 아직도 이런 상황에 어떻게 대처해야 할지 어렵기만하다. 김 대리가 할 수 있는 일은 퇴근하고 입사 동기와 맥주 한 잔 마시면서 그 상사에 대해 뒤담화를 하는 것뿐.

청각 우위형 상사는 이런 식으로 약간 빠른 속도로 말을 하지만, 체각 우위형 부하 직원은 그 말을 머릿속에서 충분히 수용해야만 응답할 말을 찾을 수 있기 때문에 다소 뜸 들이지 않으면 말이 나오기 어렵다. 상사는 부하 직원이 아무런 계획도 없는 것 아닌가 싶어 마치 기관총이라도 쏘듯 차례차례 질문을 던지며 이야기를 하고 있다. 그러다 보니 부하 직원은 자기 의견을 말하기도 전에 대화가 끝나 버린다. 그렇기 때문에 부하 직원은 더욱더 자기 생각이나 의견을 말로 설득할 기회를 잃고 만다. 어렸을 때 이런 경험을 많이 한 사람이 어른이 되면 '나는 내 스스로 의견을 잘 말하지 못한다(서투르다)'라고 믿게 되어버리는 사람도 있다.

직장 생활을 하다보면 왠지 다가가기 힘든 상사가 있다. 그런 상사와 업무 이야기를 할지 생각하기도 전에 미리 주눅이 들고 만다. 결국에는 의도와 다르게 능력 없는 직원이 되어 버리고, 반대로 상사는 권위적이고 다른 사람의 말을 잘 듣지 못하는 외골수가 되고 만다.

이럴 때 체각이 우위인 김 대리에게는 "어떻게 할 거야?"가 아니라

"어떻게 하는 것이 편해?"라고 묻고 응답이 나오기를 기다리는 것이 중요하다. 최근 '경청'이 리더가 갖추어야 할 중요한 덕목으로 부각되고 있는 것도 같은 맥락이다. 또 "어떤 느낌이지?", "이건 어떻게 느껴지지?"와 같이 체각을 찾는 질문을 하면 말이 좀 더 쉽게 나올 가능성이 있다. 물론 그 전에 상대방의 대표 체계를 알아야 한다.

대표 체계의 차이에서 오는 잘못된 커뮤니케이션은 상사와 부하의 관계뿐 아니라 친구나 연인, 부부는 물론 일상의 온갖 장면에서 똑같이 반복되어 일어나고 있다.

은정 씨의 경우도 마찬가지다. 청각 우위형이어서 주로 말로만 설명하고 있었던 은정 씨는 시각이 우위인 강 부장에게 '그림으로 보여준다'라는 것을 의식하여 접근하는 것과 상사의 니즈(needs)를 물어서 확인해 봄으로써 잘못된 커뮤니케이션을 예방할 수 있다.

시각이 우위인 사람은 자기의 그림을 보면서 얘기하기 때문에 이야기의 내용이나 화제가 갑자기 바뀌는 경향이 있다. 그래서 시각 우위형 사람은 그림(영상)으로 연결되어 있기 때문에 불편함이 없지만 그림이 보이지 않는 사람으로서는 어떤 흐름으로 이야기의 내용이 전개되는지 알아채기 어렵다. 즉, 시각이 강한 사람의 이야기를 들을 때는 이야기의 차례를 의식함과 동시에 이미지를 그리면서 대화하면 커뮤니케이션을 원활히 진행할 수 있다.

대표 체계가 같은 사람끼리는 만나자마자 바로 이야기꽃을 피운다든지, "왜 이렇게 서로 쉽게 가까워질 수 있지?"라고 이상하게 생각될 정도로 금방 깊은 관계성을 만들어내는 경우도 있다. 이렇게 대표 체계는 우리가 커뮤니케이션을 하는 데 매우 중요한 역할을 하고 있다.

우선, 상대방의 이야기를 잘 듣는 것에서부터 시작하자.

커뮤니케이션을 보다
원활하게 하기 위한 힌트   이처럼 대표 체계는 커뮤니케이션을 원활하게 하는 기본 요소이고 실제로 여러모로 활용되고 있다. 두 가지 예를 살펴보자.

어학을 학습할 때, 청각이 우위인 사람은 여러 번 귀로 듣고 입으로 따라하면서 기억하는 학습법이 어울릴 것이다. 시각이 강한 사람은 단어장을 보고 기억한다든지 혹은 무엇인가 관련된 사물을 연관 지어 기억하면 확실한 학습을 할 수 있다. 체각이 편리한 사람은 몇 번이고 쓰면서 외운다든지 몸으로 동작을 체험하면서 외운다면 효과적일 것이다. 어린이 영어 교실의 교사가 이러한 방법으로 어린아이들의 성적을 비약적으로 향상시킨 실제 사례도 있다.

대표 체계는 이외에도 비즈니스에서 커뮤니케이션 능력을 높이는 것뿐 아니라 여러 가지 상황에서도 활용할 수 있다. 예를 들면 얼굴과 명함을 일치시켜 기억하기를 잘 못하는 사람이라면, 상대방의 명함에 자기의 대표 체계에 해당하는 말로 그에게서 파악한 내용을 기입해 두면 좋을 것이다. 자기가 청각 우위형이라면 '이런 이야기를 했다'고 기억하고 시각 우위형이라면 겉모습에 대해, 체각 우위형이라면 자기의 느껌을 조금 기재해 두면 얼굴과 이름을 간단히 기억할 수 있을 것이다. 또 스피치 원고나 기획안 등을 작성할 때에는 자기와는 다른 대표 체계의 단어도 의식적으로 반영한다면 어떤 대표 체계의 사람에게도 설득력을 높일 수 있다.

**도무지 생각을 알 수 없는
내 남친, 당신의 생각이 궁금하다**　　　"선생님, 제 말 좀 들어주세요."

"은정 씨, 무슨 일이죠?"

"전에 보여드렸던 기획안이 통과되었어요! 게다가 처음으로 그 상사가 '이번에는 이해하기 쉬워 좋았어요. 참가할 고객들도 즐거워할 것 같군요'라고 칭찬도 해주던 걸요."

"그것 참 잘됐네요. 은정 씨가 결국 해냈네요."

"선생님과 이야기를 나누고 나서 집으로 돌아가는 길에 '대표 체계'에 대해 생각해 봤어요. 만나는 사람마다 '이 사람의 대표 체계는 뭘까?'라고 생각하면서 이리저리 탐색하면서 듣고 있는 사이에, 사실은 제 남자 친구와의 관계에서도 대표 체계를 적용할 수 있을지도 모르겠다는 생각이 들었어요."

"남자 친구와의 관계라니요?"

"네, 최근 남자 친구와 만나 이야기를 해도, 남자 친구는 그저 이야기를 흘려듣는 것 같은 거 있죠. 그래서 점점 불쾌해지다가 나중에는 항상 말싸움으로 번지게 돼요."

"이야기를 흘려듣고 있는 것 같은 것이란 구체적으로 어떤 느낌이죠?"

"제가 무슨 얘기를 해도 반응은 항상 '응', '어' 정도로 제 말에 대한 제대로 된 대답이 없는 거예요. 누가 경상도 사람 아니랄까봐, 시간이 지날수록 말이 없어지더니 '요즘 어떻게 생각해?'라고 물어도 '흐—음'이라고만 할 뿐이고. 진지한 대화를 해도 컵을 잡고 만지작거리기만 하고, 느긋하게 앉아서 제 이야기를 들어주는 모습이 안 보여요. 처음에는 듬직한 성품을 가진 사람으로 보여서 좋았는데, 5년 넘게 사귀다보니 최근에는 대화도 줄어들고, 만나더라도 제가 오히려 불안하고 피곤해져요. 주변에서는 남자들은 다 그렇다는 둥 잡아놓은 물고기 밥 안 주는 것과 같다는 둥, 뭐 이런 말만 하고요."

"저런, 그런 일이 있으면 불안하고 피곤해지겠네요. 근데 은정 씨는 어느 곳에서 대표 체계를 적용할 수 있을지도 모르는 생각이 들었나요?"

"그는 좀처럼 자기 생각을 얘기해 주지 않는 것으로 봐서 체각 우위의 유형인 것 같아요. 시각이 발달한 사람을 상대할 때는 그림을 의식하면 좋다고 가르쳐 주셨는데, 남자 친구처럼 체각이 강한 사람에게는 어떻게 유도하면 다정하게 이야기하게 되고 편안하게 커뮤니케이션을 할 수 있을까요?"

"정말, 남자 친구와 다정하게 이야기하고 싶은가 보네요."

"그럼요, 요즘은 벽에다 대고 말하는 것 같다니까요. 무슨 절에서 수양하는 것도 아니고…"

"그렇다면 '어떻게 생각해?'라고 하기보다 '어떤 느낌이 들어요?'와 같이 남자 친구의 느낌을 알아볼 수 있는 단어로 질문하는 것은 어떨까요? 체각 우위형 사람은 단어를 받아들인 다음에 일단 몸으로 느끼고 나서 언어화하려는 경향이 강해요. 말이 늦게 나와도 잠시 그의 페이스에 맞추어 기다려 주는 것도 좋아요. 그러면 아마도 남자 친구가 쉽게 대답할 수 있을 거예요."

"그렇군요."

"그리고 컵을 잡고 만지작거리는 것은 느긋하게 앉아 있지 못해서가 아니라 오히려 '그런 행동을 통해서 남자 친구가 편안함을 느끼는 게 아닐까?'라고 생각해 본다면 어떨까요? 그러면 은정 씨도 불안감을 덜 느낄 수도 있지 않을까요? 체각 우위형 사람은 굳이 말로 표현하지 않아도 손을 잡는다든지, 어깨에 팔을 걸친다든지 하면 그것만으로도 '사랑받고 있구나'라고 느끼거든요."

"아! 그런 게 있었군요. 그동안 엄마 빼고 가장 사랑하는 사람이라고 생각해왔는데 남자 친구의 성향도 제대로 파악을 하고 있지 않았네요. 다음부터는 남자 친구를 만나더라도 '오늘은 또 무슨 이야기를 해야 하나?'라고 고민하기보다 '어떻게 하면 조금이라도 편안하고 행복한 시간을 보낼 수 있을까?'를 고민해볼게요. 오랜만에 분위기도 한번 잡아보고요. 생각해보면 그동안 저희 커플에게는 그런 시간이 너무 없었어요. 이대로 결혼하면 어떻게 살까? 하는 고민도 했고요. 결혼하고 더 불행해지는 친구들 많이 봤거든요. 사귈 때는 그렇게 죽고 못 살더니 인제 와서 이혼하네 어쩌네…. 아무튼 오늘 중요한 정보를 얻었어요.

감사합니다. 선생님!"

다른 사람(another people)은 다른 사람(different people)이다. 다른 환경에서 다른 세월을 살아온 사람들끼리 커뮤니케이션을 하면서 생기는 문제는 그래서 당연한 일이다. 만약 우리가 멜 깁슨 주연의 「왓 위민 원트(What Women Want)」에서처럼 다른 사람의 생각을 한 번에 알수 있으면 좋겠지만 신이 아닌 이상 그런 능력은 가질 수 없다. 그렇기때문에 NLP에서는 사람들을 커뮤니케이션 특성별로 시각, 청각, 체각우위형으로 나누고 그에 맞춰 커뮤니케이션할 수 있는 방법을 제시하고 있다.

많은 사람을 만나서 많은 일을 처리해야 하는 현대인들에게 커뮤니케이션은 매우 중요하다. 아무리 노력해도 자신의 의도를 잘 알아주지 않는 사람이 있다면 위에서 제시한 세 가지 유형에 맞춰 대화해보라! 틀림없이 은정 씨처럼 좋은 효과를 얻을 수 있을 것이다.

처음 연구실로 들어올 때 은정 씨의 표정은 어두웠다. 아마도 직장에서는 마음이 맞지 않는 상사와 씨름하고 밖에서는 남자 친구와 다투느라 마음고생이 심했기 때문일 것이다. 30대의 일과 사랑에 대한 고민은 결혼과 직결되어 있다는 점에서 20대 때의 그것과는 다르다. 그런 점에서 은정 씨도 더욱 힘들었을 것이다. 다행이도 돌아갈 때 은정 씨의 표정은 한결 밝아져 있었다. 나와 이야기를 나누는 과정에서 은정 씨의 고민이 조금은 해결된 것 같았다. 어두웠던 은정 씨의 표정이 밝아지는 것을 보니 나도 흐뭇한 마음이 들었다.

은정 씨의 뒷모습을 보면서 '남자 친구와 행복하게 잘 지내요'라고 마음속으로 빌어주었는데, 결과가 좋았으면 좋겠다.

은정 씨를 다시 만날 날이 기다려진다.

Self Check

자기점검 _

나의 대표 체계는 어느 감각?

다음 1~7번 문항에서
자신에게 가장 어울린다고 생각되는 것을
a, b, c 중에서 고르세요.

1. 여유 시간이 생겼을 때 나는…
a. TV나 영화를 본다.
b. 음악을 듣거나 책을 읽는다.
c. 운동을 하거나 밖으로 나간다.

2. 사람과 만날 때 나는…
a. 용모, 외모, 옷차림을 주로 본다.
b. 그의 말투, 목소리나 이야기에
주의를 기울인다.
c. 그의 움직임이나 에너지를 느낀다.

**3. 뭔가를 배울 때 가장 잘
이해하기 위하여 나는…**
a. 숙달된 사람의 시범을 본다.
b. 말로 설명을 듣는다.
c. 스스로 체험하여 감각을 느낀다.

**4. 처음 간 도시에서 목적지를
찾을 때 나는…**
a. 지도나 안내판을 본다.
b. 안내원이나 경찰에게 길을 묻는다.
c. 직감을 믿고 방향을 잡아 걷는다.

5. 해야 할 일이 쌓여있을 때 나는…
a. 해야 할 일을 미리 그려보고
머릿속에서 시뮬레이션 해본다.
b. 해야 할 일들의 목록이나 우선순위를 정리한다.
c. 여유를 부리거나 반대로 조바심을 낸다.

6. 누군가와 이야기할 때 나는…
a. 상대방의 이야기에 맞추어 이미지를 떠올
b. 상대방 말의 의미를 주의 깊게
곱씹으며 듣는다.
c. 상대방의 이야기 내용을 감각적으로 느껴

**7. 문제를 해결하기 위한 의사
결정을 할 때 나는…**
a. 선택지를 잘 보고 결정한다.
b. 토론을 하거나 스스로 고민해서 결정한다.
c. 가능성을 감각적으로 찾는다.

대표 체계 판정 결과

a 응답이 가장 많은 사람
시각의 대표 체계를 가장 빈번히 사용하고 있으며 자기의 머릿속에 그림이나 영상 등 이미지를 그리면서 체험을 불러내거나 이야기를 하는 유형이다.

b 응답이 가장 많은 사람
청각의 대표 체계를 가장 빈번히 사용하고 있으며 머릿속에서 자기의 목소리를 듣고 분석하거나 내적 대화를 들으며 체험을 불러내거나 이야기를 하는 유형이다.

c 응답이 가장 많은 사람
체각(촉각, 후각, 미각)의 대표 체계를 가장 빈번히 사용하고 있으며 몸의 감각이나 감촉에 따라 체험을 불러내거나 이야기를 하는 유형이다.

● 왼쪽 자기점검 내용은 일상의 한 부분만을 평가해본 것이다. 일반적으로 사람은 장면에 따라 다른 체계를 그때그때 달리 사용하기도 한다. 이러한 내용을 잘 기억해 두고 이 세 가지 감각을 모두 골고루 사용하는 연습을 하도록 하자.

Part. 2

생각이
바뀌면 사람을
얻는다

For Woman's Excellent Life

드디어 기획안이 통과된 은정 씨, 간만에 상사에게 칭찬도 받았다. 날 아갈 것 같은 기분도 잠시, 오늘 화장실에서 겪은 일이 자꾸 마음에 걸린다.

"영업부 은정 씨 말이야. 요즘 하는 짓 보면 아주 가관이야. 자기가 무슨 돌고래야! 윗사람들 앞에만 서면 그저 콧소리, 아주 초음파를 내더만…"

"그러게요. 요즘 기획안도 통과되고 상사들에게 인정도 받으니까 무슨 자기 세상이라도 된 것처럼 행세하더라니까요."

여자의 적은 여자다. 하필이면 그때 안에서 볼일을 보던 은정 씨.

'이게 무슨 드라마의 한 장면!' 갑자기 식은땀이 흐른다. 졸지에 한방 맞은 격이다. '도대체 내가 무슨 잘못을 했기에…'

별수 없이 수화기를 든다. 그리고 케이 선생님께 전화한다.

문제에 대한 고민은
성장의 기회   "네. 은정 씨, 그동안 안녕하셨어요? 3개월 만이군요."

"네 선생님, 연락도 자주 못 드리고 죄송해요. 급하게 상담하고 싶은 게 있어서 전화드렸어요."

"급한 일이라니, 무슨 일이죠?"

"그전에 먼저 좋은 소식부터 말씀드릴게요. 지난번에 선생님께서 가르쳐준 것을 실천해보니 무슨 말을 해도 제 의견을 듣지 않던 강 부장님이 정말 거짓말처럼 요즘 유행하는 '대인배' 상사로 바뀌었어요. 정말 감사합니다."

"하하, 강 부장님이 '대인배'로 바뀌었군요. 잘하셨어요. 그건 은정 씨가 여기서 배운 것을 확실하게 강 부장님에게 활용했다는 증거거든요. 그러니까 사실은 강 부장님이 변한 게 아니라 은정 씨가 변한 것이지요."

"아…, 그렇구나! 강 부장님이 아니라 제가 변한 거네요."

"네, 그렇죠. 그런데 다른 소식은 뭐죠?"

"오늘은 강 부장님 때문이 아니라 옆 부서에서 일하는 혜미 선배에 관련된 일 때문이에요. 혜미 선배는 저보다 2년 먼저 입사했는데, 저와 마찬가지로 법인을 대상으로 기획 영업을 하는 베테랑이에요. 상당히 직설적인 사람이긴 한데 저와는 특별히 사이가 좋은 건 아니었어요. 그래도 같은 영업부서의 여성 관리자라는 공통점도 있어서 이야기할 기회가 많은 편이었는데, 최근 저를 노골적으로 싫어하는 기색을 드러내더라고요. 글쎄, 오늘은 화장실에서 다른 여직원이랑 제 험담을 하더라고요. 생각해보면 요즘 저를 대하는 것도 많이 달라졌어요. 예를 들면, 제가 말을 걸어도 무시한다든지, 회의에서 제가 발표하면 '회사 일은 은정 씨 혼자 다 하나보죠?'라고 말하면서 비꼬기도 하는 거예요. 그동안 그냥 흘려버리고는 했지만, 최근에는 도를 넘은 느낌이 들어서 복도에서 마주치는 것도 괴로울 지경이에요. 제가 뭔가 심기를 건드릴 만한 일이라도 한 건 아닌지 아무리 기억을 더듬어 보아도 전혀 짐작되는 게 없어요. 신경이 쓰여서 일에도 집중하지 못하겠고요."

"네, 한 회사에서 그런 일이 있으면 정말 신경 쓰이죠. 혜미 선배가 은정 씨에게 그런 태도를 보이기 시작한 것은 언제인가요?"

"그게 말이죠. 전에도 가끔씩 저를 싫어하는 내색을 하긴 했어요. 그래도 지금처럼 심하진 않았어요. 최근 들어 그 정도가 점점 심해지더니 이제는 다른 사람 앞에서도 노골적으로 싫은 티를 내더라고요."

"그렇군요. 그러면 은정 씨, 여기 이 의자 쪽으로 와줄래요?"

이번 일은 은정 씨가 직장 생활에서 상사와의 관계뿐 아니라 선배, 동료 등 주변 사람들과의 관계를 원활하게 하는 데도 도움이 될 만한 좋은 기회라고 생각했다. 그래서 이런 문제를 가지고 있는 사람을 코칭할 때 사용하고 있는 방으로 안내했다. 그리고 방 안에 두 개의 의자를 마주보게 해놓고 의자 사이의 거리를 조금 떨어뜨려 두었다.

여자의 적은 여자,
나를 괴롭히는 선배와 잘 지내는 법　　　은정 씨는 내가 이끄는 대로 의자 쪽으로 갔다.

"자, 이 의자에 앉도록 하죠. 마음 편하게 먹으시고요."

"네."

내가 지정한 왼쪽 의자에 은정 씨가 앉았다.

"은정 씨 맞은편에 의자가 하나 있죠? 거기에 혜미 선배가 앉아있다고 생각해보세요."

"네? 저 의자에 혜미 선배가 앉아 있다고요?"

"그래요. 이건 은정 씨와 혜미 선배의 관계를 알아보기 위한 중요한 장치예요. 이제부터 제 이야기를 잘 듣고 따라 해보도록 해요."

"자, 바로 앞의 의자에 혜미 선배가 앉아 있는 모습을 상상해보세요. 은정 씨는 혜미 선배와 서로 마주 보고 앉아 있는 거지요. 자, 어떤 느낌이 드세요? 혜미 선배가 어떻게 보이지요? 뭔가 떠오르거나 느껴지는 게 있나요?"

"음…. 조금 찌푸린 얼굴의 선배가 떠오르는데요. 왠지 가슴이 두근두근 떨리네요."

"그렇군요. 가슴이 두근두근 떨리시는군요."

"네, 약간의 압박감도 느껴지고요."

"약간의 압박감도 느끼고요. 그럼 긴장된다거나 껄끄러움을 느끼기도 하겠네요. 그러면 은정 씨가 볼 때, 혜미 선배의 능력 중에 어떤 부분을 인정할 수 있나요?"

이번에는 은정 씨도 단호한 말투로 말했다.

"맡은 업무를 잘 처리하는 거요. 특히 자기 의견을 확실하게 주장하는 자세입니다."

"그렇군요. 업무 처리를 잘하고, 자기 의견을 확실하게 주장하는 자세를 인정하는군요."

나는 은정 씨의 얼굴을 잘 '관찰 식별(calibration)'하면서 두 의자와 삼각형을 이루는 꼭짓점의 위치에 서서 말했다.

"그러면 이제 은정 씨의 의식과 몸은 그 의자에 그대로 둔다고 생각하고 지금 앉아있는 의자에서 일어나서 은정 씨도 혜미 선배도 아닌 삼자의 의식이 되어 제 옆으로 와주세요."

은정 씨가 일어나 내 옆으로 걸어왔다.

"이곳은 눈앞에 혜미 선배와 은정 씨가 마주 앉아 있는 모습을 보고 있는 '선의의 제삼자'의 자리에요. 두 사람이 마주 앉아 있는 모습을 외부에서 객관적으로 관찰할 수 있는 그런 곳이지요. 자, 제삼자가 될 준비가 되셨나요? 그럼 심호흡을 하고 시작해보도록 하지요."

은정 씨가 심호흡을 한 직후 나는 목소리 톤과 화제를 바꾸어 질문했다.

"그런데 어제 저녁은 뭘 먹었죠?"

"네? 친구와 이태리 음식을 먹었는데요."

"이태리 음식이요? 그렇군요. 감사합니다. 방금 한 질문은 은정 씨의 의식을 다른 곳으로 돌리기 위한 것이지 별다른 의미가 있는 것은 아니에요."

"깜짝 놀랐잖아요. 갑자기 웬 저녁식사 이야기를 하시나 싶어서….”

"질문 자체에는 큰 의미가 없지만 중요한 절차랍니다. 자, 그런데 지금은 어떤 느낌이 들죠?”

"아까와 같은 압박감은 없어졌어요. 타인의 시각에서 관찰하는 것이라 그런가 봐요. 마치 다른 사람의 대화를 보는 것 같은 느낌이네요.”

"네. 그렇죠. 제삼자의 위치에서 은정 씨와 혜미 선배를 봄으로써 객관적인 시각을 가질 수 있는 것이지요. 자, 그러면 이번에는 혜미 선배의 의식이 되어 혜미 선배의 의자에 앉아 보도록 해요. 은정 씨를 싫어하는 혜미 선배가 되었다고 치고 그 의자에 앉는 거죠. 맞은 편에는 옆 부서의 은정 씨가 앉아 있다고 생각해봐요.”

은정 씨는 혜미 선배의 의식이 되었다고 상상하면서 맞은편 의자로 옮겨 앉았다.

"자, 혜미 선배의 입장에서 은정 씨를 바라보니 어떤 기분이 들죠?”

"음…. 뭔가 쫓기고 있는 듯한 기분이에요. 후배가 저보다 먼저 주변의 인정을 받는 것 같아서 약간 초조해지네요.”

"혜미 선배라면 그렇게 느껴지기도 하겠네요. 그렇다면 맞은편의 은정 씨는 어떻게 보이죠?”

혜미 선배의 의식이 된 은정 씨는 눈앞의 의자를 한참 응시하면서 응답했다.

"아무 걱정 없어 보이고 헤실헤실 웃는 게 얄밉기도 하구요. 상사를 비롯해서 주변 사람들에게 귀여움을 받는다고 응석 부리는 것 같기도 하고 어쩐지 약삭빠른 느낌이 드네요. 솔직히 조금 부러운 마음이 들기도 하고요."

"과연 그렇군요. 응석 부리는 것 같고 조금 부럽기도 하군요. 그러면 조금 더 그녀를 잘 살펴보세요. '얄미운 은정 씨'이긴 해도 인정할 수 있는 점은 무엇이죠?"

혜미 선배의 의식을 체험하는 듯, 은정 씨는 가볍게 눈을 감았다.

"그래도 인정할 수 있는 부분은 노력파라는 점이죠. 그리고 관리직으로서 팀을 잘 이끌고 있다고 생각해요. 그래서 상사한테도 상당히 귀여움을 받고 있고…. 또 어떤 일을 맡더라도 온 힘을 다해서 덤벼드는 점도 인정할 만하네요."

"그래요. 노력파이고 팀을 잘 이끌고 있는 점, 그리고 어떤 일이라도 온 힘을 다해 덤벼드는 점이군요. 그럼 혜미 선배의 의식은 그대로 그 의자에 두고 아까 말했던 선의의 제삼자의 장소로 나오도록 하죠."

다시 내 옆에 선 은정 씨에게 천천히 말을 건넸다.

"자, 심호흡 한 번 하고…. 이제 제삼자의 의식에서 두 사람을 함께 보죠. 두 사람의 관계를 개선하기 위한 가능성이 보이나요?"

"네, 가능성이 보이네요. 저도 혜미 선배도 서로 인정하는 부분이 있기 때문에 업무에 관해 의견도 나누고 서로의 노하우도 알려주는 등 협력할 수 있을 것 같아요."

"의견을 나누고 서로의 노하우를 알려주는 등 협력할 가능성이 있군요. 그러면 원래 은정 씨의 의자로 돌아가 앉아 볼까요?"

은정 씨는 원래 자리로 돌아가 앉았다.

"지금 맞은편에 앉아 있는 혜미 선배를 보면 어떤 느낌이 들죠?

"아까 느꼈던 압박감이 사라졌어요! 선배에 대한 제 생각이 바뀐 것 같은 느낌이에요."

"그러면 이제 의자에서 일어나 제 옆으로 와서 서 보세요."

내 옆으로 와서 선 은정 씨에게 다시 물었다.

"자, 방금 이 프로그램을 체험하기 전과 지금은 어떤 차이가 있나요?"

"네, 여기에 왔을 때는 혜미 선배와의 관계가 너무 신경 쓰여서 우울증에라도 걸린 것처럼 출근하기도 싫었는데, 지금은 그런 마음이 많이 사라진 느낌이에요. 마치 꽉 막혔던 가슴이 시원하게 뚫린 것 같아요. 혜미 선배의 의자에 앉아 그녀의 의식이 되었을 때에 후배인 제가 상사에게 귀여움을 받고 있는 것이 보였고, 선배라고는 하지만 혹시 추월당하지 않을까 하는 초조한 마음도 느껴지더라고요. 그래서 혜미 선배의 입장이 다소 이해가 되었다고나 할까요? 아무튼 그런 느낌입니다. 제쪽에서 보다 적극적으로 선배에게 다가가 지금과는 다른 관계성을 만들 수 있다는 기분이 들어요!"

"그래요. 새로운 가능성이네요. 그럼 내일부터 시도해 보세요."

"네, 감사합니다. 그런데 선생님. 이것도 NLP예요?"

"물론이죠. '입장 바꾸기(position change)'라는 NLP 기법을 실행해 본 거지요. 지금 세 가지의 다른 의식세계를 체험해본 것처럼 자기의 입장에서만 사물이나 관계를 보는 것이 아니라 다소 불편한 관계에 있는 상대방의 의식도 되어보고, 선의의 제삼자의 관점도 되어서 그들 사이의 관계성을 봄으로써 자신의 의식세계를 바꾸는 것이지요. 이런 과정을 통해 지금까지 보지 못한 것을 보기도 하고 또 인간관계에 대한 새로운 가능성을 자각하게 되기도 해요.

상대방의 존재나 행동이 싫다고 생각하면 아무것도 바뀌지 못해요. 조금이라도 관계가 더 나아지기 위해 새로운 가능성을 찾는 노력도 해야 하고 또 그 실행 방법도 생각해봐야 하지요. 방금 은정 씨가 했던 것처럼요."

"네, 그렇군요. 지금까지 혜미 선배의 모든 것이 싫었던 이유는 너무 제 관점으로만 선배를 보고 있었기 때문이었던 것 같아요. 다른 시각에서 이 일을 볼 수 있는 체험을 하게 되어서 인간관계 개선을 위한 새로운 가능성을 알게 되었어요."

"그래요. 이렇게 해서 사물에 대하여 새롭게 보는 방식, 즉 관점을 바꾸는 법을 은정 씨가 터득하게 되었네요."

처음 내 연구실로 들어왔을 때 활력이 없었던 은정 씨의 혈색이 좋아졌고 시선도 위를 향하고 있다. 언제나처럼 의욕적인 그녀로 돌아와 있음을 느낄 수가 있었다. 나는 '온 힘을 다하고 있는 은정 씨를 응원해 주고 싶다'라는 마음에서 이야기와 코칭을 시작했는데 오히려 은정 씨는 '더욱 NLP를 알고 싶어요. 가르쳐 주세요'라고 NLP로 자신을 계발하겠다는 의욕이 생긴 것 같아서 나도 기뻤다.

강의노트 | 입장 바꾸기로 의식을 바꾼다

인간관계의 가능성을 넓히는 세 가지 지각위상(知覺位相)이 있다. '입장 바꾸기'는 전문용어로는 「지각위상 변환(position change)」이라고 한다. 앞서 체험한 바 있는 「은정 씨의 의식세계」, 「혜미 선배의 의식세계」, 「선의의 제삼자의 의식세계」라는 세 가지 지각위상을 좀 더 상세하게 설명해보면 다음과 같다.

◉ **제1의 지각위상(은정 씨의 의식세계)** 자신의 입장이다. 자기의 눈으로 보고, 귀로 듣고, 느낀 것을 그대로 받아들인다. 자기가 뭘 하고 싶은지, 자기는 어떻게 생각하고 있는지와 같이 마음속 깊은 곳을 탐색할 때 이 지각위상이 중요하다.

◉ **제2의 지각위상(혜미 선배의 의식세계)** 상대방의 입장이다. 실제로 상대방의 의식세계로 들어가 체험하고 상대방에게 자기가 어떻게 보이는지, 무엇이 들리는지, 어떤 느낌인지 느껴본다. 자기가 상대방에게 무엇인가를 해줄 때(개인적인 일에만 한정하지 않고 직장 업무에서나, 서비스를 제공할 때)와 같은 기회에 제공 받는 측(예를 들면 고객)은 어떻게 느낄까를 탐색할 때에 중요하게 활용할 수 있다.

◉ **제3의 지각위상(선의의 제삼자의 의식세계)** 전혀 이해관계가 없는 선의의 제삼자의 입장이다. 객관적인 제삼자로서 두 사람을 있는 그대로 보고 분석할 수 있다.

두 사람을 객관적인 위치에서 볼 수 있으므로 한층 시야가 넓어지고 두 사람과 관계된 사람에 대한 배려도 할 수 있다. 서비스를 제공할 때에는 이 위치에서의 관점을 가져보는 것이 중요하다.

세 가지

입장 바꾸기로 승부한다　　　제1, 제2, 제3의 지각위상에 대해, 사람은 누구나 무의식적으로 스스로 편안함을 느끼는 위치를 가지고 있기 마련이다.

　제1의 지각위상의 감각이 강한 사람은 자기의 의견을 분명히 하고자 할 때는 매우 효과적이다. 그렇지만 상대방의 기분을 고려하는 시각은 약할지도 모른다. 이 입장에서만 보면 독선적이 되든지 '외골수', '독재자', '제멋대로'라고 평가되기 쉽다.

제2의 지각위상에서 자기를 보는 사람은 상대방을 배려하는 마음씨는 장점으로 작용하지만, 그 마음 씀씀이가 지나쳐 상대방의 말이나 반응에 좌우되기 쉽다. 이 지각위상만을 견지한다면 상대방의 문제를 들었을 때, 마치 자기 문제인 것처럼 공감적으로 받아들여 같이 고민에 빠진다든지, 상대방의 반응에 맞추어 자기가 하려던 말을 바꿔버리는 경우가 있다. 늘 '상대방은 어떻게 생각할까?'라는 생각만을 하고 행동하기 때문에 '줏대가 없는 사람', '거절하지 못하는 사람'이라는 말로 평가 받기 십상이다.

제3의 지각위상에서 사물을 보는 사람은 객관적으로 보고 분석하는 점에서는 뛰어나지만 자기 얘기를 하는 것에는 서투르며 상대방의 이야기를 들을 때 거기에 동조하여 받아들이는 것을 거북해 한다. 이 지각위상에서의 관점만 유지한다면 항상 현상으로부터 한발 떨어진 입장에서 사물을 보게 되므로 '냉정한 사람'의 모습을 보일 수밖에 없다. 그래서 친근감이 느껴지지 않는 사람으로 인식되어 버리는 경우도 있다.

어느 지각위상이 '좋다, 나쁘다'라고 단정할 수는 없다. 단지 각각의 지각위상을 TPO(Time, Place, Occasion)에 맞추어 자유롭게 구분하여 사용함으로써 한층 가능성을 확대하고 사고방식의 폭을 넓힐 수 있다. 일상생활 중에서도 이 3가지 관점을 의식하여 적절히 구분하여 사용해 보도록 하자.

또 지각위상 변환(position change)은 사람과의 관계에서뿐만 아니라 비즈니스 장면에서도 응용할 수 있다. 예를 들면 신제품을 기획하려고 할 때, 기획이나 생산을 하는 자신, 사용하는 소비자, 그리고 객관적으로 보는 제삼자(사회 일반)의 입장을 설정하고 그 각각의 지각위상으로 옮겨서 기획 아이디어를 검토해보면 그에 대한 피드백도 떠오르고 또, 더욱 새로운 아이디어가 솟아나오는 경우가 있다. 어느 관점에서 보아도 '좋다'라는 평가가 나오면 그 기획이나 제품은 당연히 성공할 것이다.

처음에는 꼭 실제로 몸을 움직여서 다양한 지각위상을 체험해 보기를 권한다. 이렇게 해서 몇 번인가 지각위상 변환을 연습해 보면 나중에는 몸을 움직인다든지, 의자의 이동을 하지 않아도 의식 상태를 바꿀 수 있게 되고, 이미지만으로도 지각위상 변환을 할 수 있게 된다.

**핀잔도 심술도, 알고 보면
긍정적 의도가 있다**   일주일 뒤, 다시 은정 씨로부터 잠시라도 좋으니 시간을 내달라는 전화가 왔다. 전에 헤어질 때와는 다르게 목소리의 톤도 낮고 무엇인가 문제를 안고 있는 듯한 느낌이 들었다. 그래서 바로 만나보기로 했다.

"선생님, 안녕하세요?"

"안녕하세요. 그동안 어떠셨어요? 오늘은 기운이 좀 없어 보이는군요."

"사실은 선생님에게 여쭤보고 싶은 일이 있어서요. 전에 상대방과 입장 바꾸기를 했을 때는 새로운 가능성이 보였어요. '선배에게 내 쪽에서 적극적으로 말을 걸어보자. 그러면 의견 교환이 가능할 거야'라고 생각하면서 다음 날 선배에게 먼저 다가가서 말을 걸었어요. 그랬더니 오히려 선배랑 사이가 더 나빠진 것 같아요. 혜미 선배가 주위 사람들에게 "2년이나 후배인 주제에 지가 뭐라고 감히 내게 말을 걸어? 예의를 몰라도 한참 몰라"라고 여기저기 퍼뜨리고 다닌다는 말을 나중에 어디서 들었어요. 정말로 질렸어요. 처음에는 기죽지 말고 힘껏 해보자고 생각해서 적극적으로 접근했는데, 관계가 좋게 될 조짐은커녕 오히려 악화되어 버린 것 같아요. 전 이제 어찌해야 할지 모르겠어요."

"저런…, 적극적으로 접근했는데 오히려 예의도 모른다고 비난 받고 관계가 악화되었다고 느끼고 있군요."

"네, 모처럼 선생님께서 가르쳐주신 것을 시도해 보았는데 이번에는 잘되지 않았어요. NLP란 사람에 따라서 잘되기도 하고, 잘되지 않기도 하는 건가요?"

"사람에 따라 결과가 달라지는 것이 아니라 방법에 따라 결과가 달라질 수는 있어요. 무엇을 하는 데 한 가지 기법만 있는 것은 아니니까요. 사용법에 따라 여러 가지 결과가 빚어질 가능성은 언제나 있지요."

"사용법이라고요?"

"그래요. 은정 씨는 저번 입장 바꾸기 기법을 통해 새로운 관점에서 생각해봄으로써 서로 인정하는 법을 알게 되었습니다. 그래서 혜미 선배에게 적극적으로 말을 걸어 의견을 나누겠다고 말했지요. 이건 은정 씨의 행동에 새로운 가능성이 생긴 것이라고 말할 수 있습니다."

"네, 맞아요. 그래서 적극적으로 말을 걸고 다가가려고 했던 거지요."

"그건 아주 잘한 거예요. 그런데 다만 애석하게도 결과가 좋지 않았을 뿐이에요."

은정 씨는 잠자코 수긍했다.

"그러면 은정 씨, 이렇게 생각해봐요. 혜미 선배는 무엇 때문에 은정 씨에게 어깃장을 놓을까요? 혜미 선배는 은정 씨를 무시한다든지, 비난함으로써 어떤 것을 얻을 수 있을까요?"

"네? 무엇을 얻는다고요? 이런 짓을 해서 과연 얻는 것이 있을까요?"

순간적으로 놀란 표정을 보인 은정 씨가 잠시 생각하더니 다음과 같이 말했다.

"선배도 그다지 좋은 기분은 아니었을 거라는 생각이 들긴 하네요."

"그렇지요. 틀림없이 혜미 선배도 은정 씨를 그렇게 대하고 그다지 상쾌한 기분은 아닐 거예요. 그래도 그렇게 빈정거리는 것은 무엇인가 그런 행동을 통해 얻는 것이 있기 때문일 거예요."

"그런 행동으로도 얻는 것이 있다고요?"

"네, 그럴 수 있죠. 혜미 선배의 저 깊은 무의식에서는 무엇인가 얻는 것이 있기 때문에 그런 행동을 반복하는 것이죠. 이런 것을 NLP에서는 '긍정적 의도'라고 하죠. 긍정적 의도는 누구나 무의식적으로 가지고 있는 것이에요."

"긍정적 의도라고요? 그게 뭐죠?"

"그래요, 긍정적 의도. NLP에는 '인간의 어떤 행동에도 그 뒤에는 긍정적인 의도가 있다'는 전제가 있어요."

"어떤 행동이라도 그 뒤에는 긍정적인 의도가 있다고요? 그럼 저는 잠자기 전에 그냥 멍하니 TV를 보는데요. 그냥 잠들면 좋을 텐데, 꼭 그렇게 시간을 낭비하고 있거든요. 그런 행동에도 긍정적 의도가 있다는 거예요?"

"그럼요. 좋은 사례군요. 그 밖에 더 없어요?"

"남자 친구와 다툰 뒤에는 집에 와서 감자튀김이나 달콤한 과자를 마구 집어먹기도 해요. 너무 많이 먹어서 나중엔 불쾌한 기분도 들고요."

"나중에 죄책감이나 후회를 느끼는 것에도 긍정적인 의도가 있지요. 죄책감을 가지면서 순간적으로 마음의 안정을 얻는다든지, 자신을 반

긍정적 의도(positive intention)란? 무엇이든 어떤 행동을 함으로써 표면상으로는 반드시 나타나지 않을지라도 무의식적으로 얻는 것을 말한다. 바른 행동만이 아니라 용서할 수 없는 행동이나 나쁘다고 지탄받는 부정적인 일이라도 그 이면에는 긍정적인 의도가 있다. 예를 들면 못된 짓만 저질러 부모를 애태우게 하는 어린이가 있다고 할 때, 그 아이의 긍정적인 의도를 찾아보면 '부모에게 어리광을 부리고 그것을 부모가 애정으로 감싸주기를 기대한다', '부모의 관심을 끌고 사랑받고 싶다'라는 속마음을 발견할 수 있다. 못된 장난을 치면 부모가 꾸중을 하든지, 주의를 주기 위해 아이에게 관심을 가지게 된다. 그래서 부모의 관심을 끌기 위해서 못된 짓을 하게 되는 것이다. 부모가 좀 더 아이와 함께하는 시간을 늘리고 아이가 긍정적인 행동을 할 때, 그것에 대해 칭찬을 해주거나 아이와 대화를 하려는 노력을 하면 그 아이는 더 이상 못된 짓을 하지 않게 될 가능성이 높아진다. 이와 같이 사람은 무엇인가 긍정적인 것을 얻기 위하여 무의식적으로 행동하는 경향이 있다.

성한다든지 하니까요."

"그렇군요. 그런 사고방식이 있군요."

"그래요. 예를 들어 TV를 본다는 행위의 긍정적 의도를 찾아보면, 휴식이라든지 스트레스 해소와 같은 것이 있을 수 있죠. 즉 'TV를 본다'라는 행동을 통하여 '스트레스에서 해방되어 편안히 휴식을 취한다'라는 긍정적인 보상을 얻을 가능성이 있는 거죠. 은정 씨가 남자 친구와 다툰 후에 과자를 찾는 것도 기분 전환을 하려는 긍정적인 의도가 있어서일 거예요."

"으음, 그런지도 모르겠네요."

"자, 그럼 처음의 이야기로 되돌아가기로 해요. 혜미 선배가 취한 행동의 긍정적 의도는 무엇일까요?"

"글쎄요…. 그게 그렇다면, 선배는 자기 입장을 방어하려고 그랬는지도 모르겠네요. 뭔가 제 행동이 혜미 선배에게 경계심을 느끼게 했기 때문에 저를 눌러버리려고 그랬는지도 모르겠어요."

"그렇군요. 그런지도 모르겠네요. 어쩌면 마음이 맞지 않던 강 부장님과 은정 씨가 요즘 사이좋은 관계가 된 것이 영향을 미쳤는지도 모르겠는데요?"

"아…, 그러고 보니 그게 시기적으로 딱 맞아 떨어지네요."

"그렇군요."

그제야 납득이 되었다는 듯한 표정을 짓는 은정 씨에게 한층 더 깊이 물었다.

"지금 은정 씨는 혜미 선배의 긍정적 의도가 '자기 입장을 방어하려는 것이다'라고 이해했어요. 그것이 정말 그렇다고 한다면 은정 씨가 어떻게 하는 것이 선배와의 관계에 도움이 될까요?"

"선생님께서 천천히 가이드를 해주시니까 뭔가 분명해지는 느낌이 드네요. 저는 전에 '입장 바꾸기'를 통해 선배의 장점을 알게 되었어요. 그런데 지금 생각해보니까 제가 정말 전달하고 싶었던 '선배와 함께 잘 지내고 싶어요'라는 메시지는 전하지 못한 것 같아요. 그런 상태에서 그동안 적극적으로 말을 거는 것에만 정신이 팔려 있었던 것 같아요. 목적은 잊어버리고 행동만 한 격이지요. 의견을 나누겠다는 생각만 가지고 '저는 이 일에 대하여 이렇게 생각합니다'와 같은 얘기를 하려고만 했는데, 어쩌면 후배가 그런 식으로 접근해 오면 잘난 척하는 것으로 받아들여질 수 있겠네요."

"그래요. 자기 입장을 방어하려고 생각하는 선배에게 '잘 지내고 싶어요'라는 메시지를 전달하는 것은 매우 중요하지요. 먼저 그런 메시지를 전달한 다음에 '저는 이 일에 대하여 이렇게 생각합니다'라고 의견을 말하는 것이 좋은 순서이자 방법이라는 생각이 드네요. 게다가 "선배님의 의견을 듣고 싶어서"라든가 "선배님은 어떻게 생각하시죠?"라고 상대방의 의견을 물어보는 것도 좋을 거예요."

"그렇군요. 먼저 혜미 선배는 제 라이벌이 아니라 함께 일하는 동료이자 존경할 만한 선배라는 메시지를 전달해야겠네요. 그리고 나서 의견을 나눌 수 있는 질문이나 이야기를 해보도록 하겠어요."

"그것 참 좋은 생각이네요. 꼭 내일부터라도 바로 시도해 보도록 해요. 사람과 관계를 맺을 때에는 상대방이 좋은가 싫은가, 옳은지 그른지와 같은 판단을 내리기 전에 먼저 '당신은 저에게 꼭 필요한 사람', '당신은 소중한 사람'이라는 전제를 바탕으로 긍정적인 메시지를 보내는 것이 무엇보다 중요해요."

내가 바뀌면
상대방도 바뀐다   "여보세요, 안녕하세요 선생님."

"아, 은정 씨! 전화 고마워요. 혜미 선배와는 어떻게 되었나요?"

"굉장했어요. 제가 선배를 존경하고 있다는 메시지를 보내는 것을 유념하여 실행했더니 지금은 혜미 선배로부터 일에 대한 조언과 충고를 받기도 하고 자연스럽게 마음에서 우러나온 말을 나누기도 해요. 코칭 받을 때에는 그렇게 잘 되리라고는 생각도 못했는데 마치 마술처럼 잘 풀리고 있어요."

"아주 잘됐군요! 대단해요 은정 씨!"

"선생님 덕분이죠. 감사합니다. 그리고 이 입장 바꾸기와 긍정적 의도를 알고 나서 또 하나 큰 변화가 일어났어요."

"그래요? 그게 뭔데요?"

"선생님도 아시다시피 저희 어머니는 혼자서 제 뒷바라지를 하셔서 그런지 저에 대한 걱정이 많으신 분이잖아요. 그래서 그동안 매일 전화를 하시면서 '밥은 먹고 다니냐?'라든가 '너무 늦게까지 일하지 마라',

'남자 친구랑 잘 지내느냐?'라고 잔소리를 하실 때가 많아요. 저도 나이 먹을 만큼 먹었는데 자꾸 그렇게 잔소리를 하시면 정말 '알았다니까요'라고 쏘아붙이고 싶어져요. 밤에도 피곤해서 자려고 하면 전화를 하셔서 전화로 짜증낼 때도 많았어요. 솔직히 말씀드리면 엄마 전화가 귀찮기도 했어요. 이제 제 걱정 그렇게 안 하셔도 되는데….'"

"그래요. 근심 걱정 많은 어머니 전화가 귀찮게 느껴졌군요."

"네, 그래서 전에 가르쳐주신 입장 바꾸기를 어머니한테 적용해봤지요. 어머니 입장에서 저를 보니까 어머니가 저를 생각해 주시는 기분이나 애정이 절실하게 느껴지는 거 있죠. 어머니의 긍정적 의도는 오로지 '딸에 대한 사랑'이라는 것을 알았지요. 지금까지 귀찮게 느껴졌던 게 죄송스러워지면서 엄마한테 고마운 마음도 새삼 느낄 수 있었어요. 그래서 그 기분을 바로 어머니에게 전하려고 마음먹고 그 자리에서 전화를 걸었어요. 어머니한테 제가 느낀 기분을 솔직하게 말씀드릴 수 있었어요. 그리고 그동안 나누지 못했던 여러 가지 이야기를 나누었습니다. 사실 나이가 들면서 오히려 어머니와 대화할 기회가 많이 없었거든요. 그렇게 이야기도 하고 제 마음도 표현하니까 어머니도 많이 좋아하셨어요. 통화하면서 눈물까지 흘리시는 것 같았거든요. 그 후부터 어머니가 전화로 제 걱정을 별로 안하시더군요. 저도 어머니에게 믿음을 드린 것 같아 기분이 좋았어요."

"정말로 멋진 변화를 이끌어냈군요. 좋은 소식 들으니까 저도 기분이 좋네요. 은정 씨, 그런데 무엇이 이렇게 좋은 결과를 얻게 한 것 같아요? 그러니까 선배가 우호적으로 변하고 어머니도 은정 씨 걱정을 덜 하시게 된 계기가 무엇일까요?"

"글쎄요, 잘 모르겠는데요."

"그건 은정 씨가 사람을 대하는 자세를 바꾸었기 때문이에요. 상대방의 표면적인 행동만을 보고 일희일비(一喜一悲)하는 것이 아니라 상대방의 긍정적 의도에 주의 깊게 대응할 수 있게 된 것이지요. 또 그런 은정 씨의 마음이 상대방에게 전해진 결과이기도 하고요. 이 모두는 은정 씨가 만들어낸 성과예요. 힘으로 사람을 바꾸려 한다면 쉽게 바꿀 수 없지만, 먼저 자신이 상대방의 입장에서 생각해보고 그것을 반영하게 된다면 상대도 바뀔 가능성이 높아지거든요."

"그런가요. 이것도 제가 먼저 바뀌었기 때문이군요. 작은 의식의 변화가 이처럼 큰 차이를 만들어 내다니 놀랍네요."

"그렇지요. 다시 한 번 말하지만 이것은 모두 은정 씨가 만들어낸 성과예요. 그러한 자기를 스스로 확실하게 칭찬해줄 필요가 있어요. 자기 자신을 믿고 행동하여 이뤄낸 결과니까요."

"네! 오늘 집에 가서 제 미니홈피 다이어리에 '은정 씨 참 잘했어요'라고 써야겠어요. 조금씩 자신감이 생기는 것 같아요. 사람을 대하는 데에도 어떤 환경에 적응하는 데에도…. 선생님 덕분이에요. 정말 고맙습니다."

누구나 자신의 의도와는 달리 껄끄럽게 지내는 사람이 한 명씩은 있을 것이다. 또 평소 잘 지내던 사람과 사소한 일로 큰 오해가 생겨나 돌이킬 수 없는 사이가 돼버리는 경우도 있다. 이럴 때 너무 조급하게 생각하지 말고 차분하게 문제가 무엇인지 찾아보자. 다른 사람의 입장에서 나를 돌아보고 또한 제삼자의 시각에서 서로 간의 관계를 살펴봄으로써 해결책을 찾아보자. 그러면 은정 씨의 경우처럼 의외로 문제가 쉽게 풀리는 것을 발견할 것이다.

오늘 헤어질 때 은정 씨는 웃고 있었다. 나는 그런 은정 씨의 얼굴을 떠올리면서 '최선을 다해요'라고 마음속에서 격려를 보냈다.

NLP Practice

실천NLP_

'지각위상 변환'으로
그 사람의 의식이 된다

대화에 등장한 NLP 기법 중 지각위상 변환
(position change : 입장 바꾸기)을
실제로 해 보도록 하자.

먼저 실습 대상에게 지금은 대하기
거북하지만 관계를 개선하고 싶은
한 사람을 떠올리게 한다.

그다음 의자를 두 개 준비하여
약간의 거리를 두고 서로 마주
보게 한다.

두 의자와 삼각형의 꼭짓점에 해당하는
공간과 위치를 정한다. 그리고 제1의
지각위상(나의 의식)에 해당하는
의자에 앉는다. 이어서 다음과 같은
차례대로 움직인다.

1. 자신과 거북한 관계에 있는 사람
맞은편 의자에 앉아 있다고 생각해본
그리고 자신의 반응에 의식을 기울인
이를 위해 스스로 다음과 같은 질문을 히
– 내가 볼 때, 그 사람은 어떻게 보이는
– 들리는 목소리나 소리가 있는가
– 몸의 느낌은 어떠한가?

2. 먼저 심호흡을 하고 '상대방이 가지고
있는 능력 중 내가 인정할 만한 것은
무엇인가?'라고 생각해본다.

3. 지금 느끼고 있는 내 기분과 몸은
지금의 의자에 그대로 남겨두고 의식만 빠져
나와 선의의 제삼자의 위치로 이동한다.

4. 심호흡을 하고 의식을 바꾸어
선의의 제삼자가 된다. 그리고 상대빙
나를 본다.

5. 다시 의식을 바꾸어 상대방의 의식이
되어 제2의 지각 위상의 의자에 가서
앉는다. 어떤 느낌인가?

6. 맞은편에 앉아 있는 사람(나)을 볼
어떻게 보이는가?

그 사람(나)에게서 인정할 수 있는 부분,
▌한다든지 감사하고 있는 일은 무엇인가?
반드시 말로 **표현해본다.**

8. 다시 제삼자의 위치로 나와서 선다.
눈앞에 보이는 두 사람 사이의 새로운
가능성은 무엇인가?

제3의 지각위상
선의의 제삼자

제1의 지각위상
은정 씨의 의식세계

제2의 지각위상
혜미 선배의 의식세계

● 실제로 몸을 움직여서 세 가지 지각위상을 옮겨 다니며 직접 체험함으로써 자신의 느낌이 어떻게 바뀌는
지 느껴본다. 이 과정에서 자기의 기분만이 아니라 상대방의 기분이 된다거나, 객관적으로 관찰해보는 감각도
쉽게 맛볼 수 있다. 만약 비슷한 상황을 겪고 있다면 지금 바로 시도해 보기를 권한다.

Part. 3

가슴은

목표가

있을 때 뛴다

For Woman's Excellent Life

은정 씨는 요즘 밥이 어디로 들어가는지도 모를 만큼 바쁘다.

아침은 굶기 일쑤고, 점심은 테이크아웃 커피와 베이글 하나로 때우는 일이 다반사. 그래도 상사에게 인정도 받고 날카롭기만 하던 혜미 선배와도 이제는 잘 지내는 편이라서 그럭저럭 일할 맛은 난다.

이제 맡은 일만 잘해내면 만사 OK! 그런데 어느 순간부터 그런 생각들이 그녀의 어깨를 짓누르기 시작한다. 마음은 혼자서 63빌딩이라도 세울 것 같은 데, 생각만큼 일이 잘 안 풀린다. 인간관계만 잘 해결되면 모든 게 잘될 줄 알았는데 산 넘어 산이다. 한숨은 늘어가고 주름은 짙어진다.

'내가 제대로 하고 있는 걸까?'

답답한 마음에 케이선생님께 전화한다.

"아! 은정 씨 반가워요. 잘 지내셨죠?"

"네 선생님, 덕분에 잘 지내고 있어요. 내일 시간 있으세요? 고민이 좀 있어서요."

"물론이죠. 은정 씨라면 언제라도 환영입니다. 그럼 내일 오후 3시쯤이 어떨까요?"

"네, 그때 선생님 사무실로 갈게요. 마침 갖다 드릴 것도 있고요."

목표의 일부만 보고 있지 않은가?

"아…, 피곤해" 하며 은정 씨가 안쪽에 있던 나를 의식하지 못하고 깊은 한숨을 내쉬며 의자에 앉는 것을 보니, 매우 피곤한 상태인 것을 바로 느낄 수 있었다. 활기차던 모습도 사라지고 시선도 고개도 땅바닥을 향하고 있었다. 많이 지쳐 보였다. '너무 지나치게 힘을 쏟고 있는 것이 아닌가?'라고 생각하면서 나는 그녀에게 다가갔다.

"은정 씨! 안녕하세요. 근데 안색이 좋지 않네요. 괜찮으세요?"

"아, 선생님. 안녕하세요. 찾아뵙자마자 풀어진 모습을 보여 죄송해요. 덕분에 최근 일이 꽤 바빠졌어요. 선생님을 찾아뵈니 왠지 모르게 편안해지는 것 같아요."

"일이 **꽤 바빠졌군요.** 그 뒤로 어땠어요?"

"네, 선생님께 배운 NLP로 회사에서 인간관계가 놀랄 만큼 좋아져서 일이 순조롭게 진행되고 있어요. 의식을 조금 바꾸었을 뿐인데 이렇게 큰 변화가 일어난다니 정말 신기하네요. 일이 편하게 되었어요. 정말 감사합니다."

"아, 멋진 성과를 이루었군요. 저도 기쁘네요."

"그리고, 이건 어머니가 계신 시골집에서 따온 앵두예요. 어머니도 선생님에게 대신 감사드리라고 하셨어요."

"오! 맛있겠네요. 바쁘신데 뭘 이런 것 까지…. 고마워요. 어머니께도 감사하다고 전해 주세요."

"네."

"그런데 은정 씨, 웬일인지 많이 피곤해 보이네요."

"저번에 맡았던 프로젝트는 이번 달이 마감이라 막판 스퍼트 중이에요. 가까스로 이번 달 매출 목표는 넘길 것 같아서 조금 안심이 되네요. 그런데 최근에는 월말만 되면 목표 달성을 해야 한다는 부담감 때문에 숫자에 쫓기는 느낌이 들어요. 스트레스도 많이 받고요."

"지금 막판 스퍼트 중이군요. 월말이 되면 언제나 이런 상태로 숫자에 쫓기는 느낌이기도 하고요."

"네, 그래서 저도 모르게 한숨이 나와요."

"그래요. 지금 은정 씨는 목표가 잘 보이는 것 같으면서도 사실은 잘 안 보이는 것 같기도 하네요."

"네? 무슨 말씀이죠?"

"목표라고 해도 그 일부밖에 보이지 않을지도 모른다는 거죠. 잠깐 질문 하나 해도 될까요?"

**우선 자신의 목표를
분명히 하자**　　　　"은정 씨, 지금 목표가 무엇인지 알려줄래요?"

"당장 제 목표는 계획했던 매출액을 월말까지 달성하는 것이죠."

"그렇군요. 계획했던 매출액을 월말까지 달성하는 것이군요. 그러면, 은정 씨 목표가 달성되는 것을 어떻게 알 수 있죠? 생각이 잘 나지 않는다면 목표가 달성되는 순간을 시각, 청각, 체각으로 분명히 느끼면서 저한테 말해보도록 해요."

은정 씨는 바로 눈을 감고 곧 생각에 잠겨 들었다.

"아, 이거예요. 먼저 목표액이 달성되었음을 알리는 데이터와 그래프가 보이구요. 그리고 팀원 모두가 활짝 웃는 모습이 보입니다. 이어서 '좋아! 드디어 해냈어!'라는 소리가 들리면서 만족감이나 성취감이 가득 차오르는 것이 느껴지네요."

말을 시작하는 바로 그 순간 은정 씨의 시선은 위로 향했고 달성된 장면을 이미지로 보고 있는 것을 알 수 있었다. 은정 씨의 표정에서 만족감과 성취감이 묻어났다.

"그렇죠. 팀원 모두가 활짝 웃는 모습과 '잘했어! 해냈어!'라는 소리가 들려오는군요. 은정 씨의 시선이 위로 향하는 것으로 보아 달성되는 순간을 바라보고 있군요. 그 이미지를 확실히 새겨두세요. 그리고 지금 느끼고 있는 만족감이나 성취감도 온몸으로 느껴보시고요."

"네."

"자, 그럼 목표를 달성하는 것은 은정 씨의 일상에 어떤 영향을 미칠 거라고 생각해요? 또 은정 씨 주변 사람에게는 어떤 영향을 미친다고 생각해요? 이제 말할 수 있겠죠?"

은정 씨는 시선을 위로 향한 채, 떠오르는 이미지를 보면서 이야기를 시작했다.

"그래요. 저의 활기찬 에너지가 팀원 모두에게 좋은 영향을 미치고 있다고 생각됩니다. 팀원들도 모두 즐겁게 업무를 처리할 수 있게 됐고요. 또 마음 편히 일하는 저를 보고 가족도 기뻐할 거라고 생각됩니다. 남자 친구도 제가 성공적으로 업무를 마치도록 응원해줄 거라고 믿어요."

"그렇군요. 활기찬 에너지가 주변 사람에게도 좋은 영향을 미치고 있군요. 그럼 좋은 영향 말고 혹시 은정 씨에게 나쁜 영향이 생긴다면 어떤 게 있을까요?"

"나쁜 영향이라고요? 으음…. 일이 재밌어서 결혼을 조금 늦출지도 모르겠네요. 물론 저희 엄마는 기절하시겠지만요."

"호호, 그렇군요. 그런 것도 생각할 수 있겠네요. 그러면 이 목표를 달성하기 위하여 필요한 자원(resource) 중에 은정 씨가 이미 가지고 있는 것은 무엇이죠?"

"자원이요? 그게 뭐지요?"

자원(resource)이란? 자원(資源)이란 영어로 'resource'를 말하는데 자질(資質)이라고도 할 수 있다. NLP에서는 '나 자신과 나의 아웃컴(outcome)을 지원해주는 모든 것'을 지칭하는 개념이다. 금전적인 자원만이 아니라 자기의 건강 상태, 심리 상태, 지금까지 겪어온 모든 체험이나 경험, 가족, 친구를 비롯한 주위 사람들과의 인간관계 등 모두가 자원이 될 수 있다. NLP에서 자원이란 이처럼 매우 폭넓은 개념을 포함한 단어로 사용되고 있다.

은정 씨는 자원에 대한 설명을 들으면서 고개를 끄덕였다.

"아…, 그런 것이 자원이군요! 그렇다면 지금까지 업무 경험이나 지금 저희 팀원이 제게는 자원이겠네요? 게다가 '이번 달에도 목표를 달성한다!'라는 저의 결심도 자원이라고 할 수 있군요. 그럼 개인적인 가족과의 관계나 남자 친구의 지원이 마음 든든히 느껴지는데 그런 것도 저의 자원이 될까요?"

"물론이죠. 지금까지 업무 경험이나 '이번 달에도 목표를 달성한다!'라는 결심, 그리고 주위에서 지원해 주는 분들은 매우 중요한 자원이지요. 이것 말고 은정 씨에게 더욱 필요한 자원이 있나요?"

"더욱 필요한 자원 말인가요?"

은정 씨는 잠시 생각한 다음 자기 스스로에게 확인이라도 하는 것처럼 천천히 말했다.

"기획안이 통과될 수 있을 만큼 윗사람으로부터 충분한 신뢰를 얻고, 또 그러기 위해 기획 단계에서 참가자에게 설문지를 돌린다든지 하는 사전 조사도 하고 싶고, 그 다음에… 저는 시일이 촉박해지거나 여유가 없어지면 초조해지고 스트레스를 많이 받는 편인데, 그 어떤 때라도 서두르지 않는 냉정한 판단력이 필요한 것 같아요."

"그렇군요. 신뢰를 얻을 수 있을 만큼 성과를 내고, 더욱 정보 수집에도 더욱 신경 쓰고, 그리고 냉정한 판단력이 필요하군요."

"네, 아무래도 여성 관리자로서 성공하기 위해서는 그런 부분이 더 필요하다고 생각해요."

"그러면 은정 씨, 당신이 이러한 목표를 이루고자 할 때 방해 요소는 무엇일까요?"

(놀란 듯이 눈을 크게 뜨면서)"네? 방해 요소요? 그런 것도 있어요?"

"그래요. 현재 목표가 달성되지 않고 있다는 것은 그 목표를 가로막고 있는 방해 요소가 있기 때문이지요. 그것은 어쩌면 은정 씨가 처리해야 할 문제나 과제인지도 몰라요."

"방해 요소라… 그래요! 생각해보니 방해 요소라 할 만한 게 있어요. 지금 저희 회사 매출 목표가 월말이나 되어서야 달성되는데 이것 때문에 새로운 기획을 하는 데 어려움을 겪고 있어요. 이런 일이 반복되니까 새로운 기획을 하기도 망설여지고요."

"그렇군요. 은정 씨는 마음속에서 '매출 목표가 일찍 달성되지 않으면 새로운 기획을 하면 안 된다'라고 생각하고 있군요. 그런데 그게 정말 그럴까요?"

"아니? 그럼, 그렇지 않아요?"

은정 씨는 놀란 표정을 지으면서 말했다.

"누가 반드시 그렇게 해야만 한다고 이야기한 적 있나요?"

"아니요. 그런 것은 아니지만… 매출 목표를 착착 달성해나가지 않으면 새로운 기획은 삼가야 할 것 같은 느낌이 들어서… 생각해보니까 윗사람들이건 선배건, 반드시 그렇게 해야 한다고 말한 적은 없는 것 같네요."

은정 씨는 무엇인가를 자각한 듯했다.

"생각해보니 원래부터 꼭 그렇게 해야 하는 건 아니었는지도 몰라요.

그저 저 혼자서 그렇게 믿고 있었을 뿐인지도…. 굳이 목표 달성을 하지 않았다 하더라도 참신한 아이디어가 생긴다면 과감하게 새로운 기획을 해봐도 될 것 같아요. 아! 새로운 가능성이 보이네요."

"네, 새로운 가능성이네요. 그러면 그 성과를 달성하는 것이 은정 씨의 인생에서 어떤 의미가 있을까요?"

"인생에서의 의미라고요? 으음…, 그게 제 인생에서 무슨 의미가 있을까요?"

스스로 질문하면서 은정 씨는 좀처럼 말을 꺼내지 못하고 있었다.

"글쎄요. 회사의 기대에 부응하는 것이 아닐까요?"

"그렇군요. 매출 목표를 달성하면 회사의 기대에 부응하는 것이 되는군요. 그러면 은정 씨에게 회사의 기대에 부응하는 것은 어떤 의미가 있지요?"

"회사의 기대에 부응하는 것이요? 음…, 회사의 기대에 부응하게 되면 회사에서 저와 제 팀이 인정받게 되겠지요."

"그렇군요. 은정 씨나 자기 팀의 능력을 인정받는 결과를 얻게 되는군요. 그러면 능력을 인정받게 되면 당신에게 어떤 의미가 있게 되죠?"

응답 속도가 조금씩 빨라지기 시작했다.

"음…, 만일 능력을 인정받는다면 더욱 제 의견을 주장하기 쉽게 되고 여성을 타깃으로 하는 여행 기획처럼 예전부터 제가 하고 싶은 일들을 차례차례 할 수 있게 될 거라고 생각해요."

"그렇겠네요. 의견을 주장하기도 쉽고 은정 씨가 그동안 하고 싶었던 일, 그러니까 여성을 타깃으로 하는 여행 기획도 할 수 있게 되겠네요. 그러면 은정 씨의 인생에서 여성을 대상으로 하는 여행 기획을 하는 것은 어떤 의미가 있을까요?"

이렇게 질문하자 지금까지와는 다르게 은정 씨는 마치 제방이 무너진 것처럼 말문이 술술 터지기 시작했다.

"여성을 타깃으로 하는 여행을 만들어보고 싶어요. 열심히 일한 사람이 자기 자신에게 주는 상이라고 여길 만한 그런 여행이요. 여성 혼자서도 가볍게 참가할 수 있고, 거기서 사람들을 만나고 사회 활동의 범위도 넓힐 수 있는 그런 여행 말이에요. 그렇게 되면 저와 같은 여성을 위해 제가 공헌하고 있다는 느낌도 가질 수 있고, 무엇보다 제 자신이 살아있다는 보람을 느끼게 될 것 같아요."

어느새 은정 씨의 시선은 위로 향하고 있었고 두 볼이 불그스레해지고 양 입 끝이 위로 당겨져 있는 등 매우 자신감 있고 즐거운 표정으로 바뀌어 있었다.

"정말 멋지군요. 여성을 타깃으로 하는 여행을 만들고 싶군요. 그리고 여성을 위해 공헌하고 있다는 마음이나 또 은정 씨 자신이 살아있다는 보람도 느끼고 싶고요."

"네! 그런데 뭔지 모르겠지만 선생님과 이야기를 하는 동안 점점 의욕이 솟아오르네요."

그렇게 의욕을 느끼게 된 은정 씨에게 물었다.

"자, 그러면 지금 무엇부터 시작할 건가요?"

오래전부터 하고 싶었다는 듯, 이 이야기를 시작하자마자 갑자기 은정 씨의 입에서 말이 술술 흘러나왔다. 자기의 꿈을 활기차게 털어놓는 은정 씨에게서 인간이라면 누구나 원래 갖고 있는 멋진 감성과 강력한 힘이 느껴져 나도 안심할 수 있었다.

강의노트 | 시선 식별 단서로 상대의 마음을 읽는다

사람들은 의식의 변화에 따라 시선의 움직임이 달라지는데, 이때 움직이는 시선을 보고 상대방의 의식 상태를 가늠하는 기법을 '시선 식별 단서(eye accessing cues)'라고 한다. 눈은 '밖에 있는 뇌'라고 일컬어질 정도로 두뇌와 직결된 기관이다. 이렇게 두뇌의 움직임을 정확히 반영하여 움직이는 것이 바로 시선이다. 거꾸로 말하자면 눈동자의 방향을 의도적으로 움직임으로써 의식을 변화시킬 수 있다. 시선은 거짓말을 하지 않는다는 것을 명심하자.

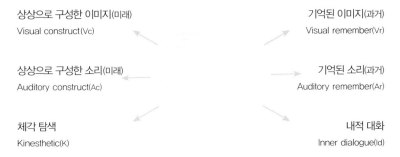

상상으로 구성한 이미지(미래)
Visual construct(Vc)

기억된 이미지(과거)
Visual remember(Vr)

상상으로 구성한 소리(미래)
Auditory construct(Ac)

기억된 소리(과거)
Auditory remember(Ar)

체각 탐색
Kinesthetic(K)

내적 대화
Inner dialogue(Id)

▲통계적으로 확인된 눈동자의 움직임 패턴을 정리한 시선 식별 단서

앞의 그림과 같이 눈동자의 움직임으로 그 사람이 무슨 생각을 하는 지 알 수 있다. 시선이 위로 향하는 것은 과거건 미래건 간에 시각을 작동하여 이미지나 그림을 볼 때다. 그리고 시선이 좌우 또는 수평으로 움

직이는 것은 청각을 사용하여 과거에 들었던 소리나 목소리 또는 상상으로 들은 목소리나 소리를 들을 때다. 시선이 아래로 향할 때는 자기혼자 내적 대화를 하고 있을 때(왼쪽 아래를 향할 경우)거나 체각을 사용하고 있을 때(오른쪽 아래를 향할 경우)라 할 수 있다.

이미지를 떠올릴 때에는 의도적으로 시선을 위로 향하게 해보자. 그러면 원하는 이미지를 떠올리기 쉬워진다.

눈동자의 움직임은 정직하다. 사람들은 미래의 꿈을 이야기하면서 시선이 땅으로 향할 수 없다. 또 하늘을 바라보면서 의기소침한 생각을 할 수도 없다. 그러므로 의식을 바꾸고자 할 때는 의도적으로 시선을 움직여보는 것도 하나의 방법이다. 낙심하여 처져있는 사람의 의식을 바꿔주려고 할 때는 '잠깐 위를 바라볼까요?'라는 식으로 말해서 시선을 위쪽으로 움직이게 하면 의욕적인 자세를 이끌어낼 수 있다.

또 비즈니스에서도 시선 식별 단서는 유용하게 활용할 수 있다. 예를 들어 시선을 아래로 향하면서 "목표는 달성하겠습니다"라고 말하는 직원이 있다고 하자. 아래로 향한 시선은 '정말 할 수 있어?'라는 물음에 '될 리가 없어', '내게는 무리야'와 같이 혼자 미리 포기하고 있는 상태이므로 그런 때에는 그냥 넘어가지 말고 반드시 "솔직하게 당신의 의견을 말해봐요. 그 목표를 달성할 수 있을 것 같아요?"라고 다시 물어야 한다.

만일 상대가 실제로 부정적인 생각을 하고 있다면 상대방의 본심을 말할 수 있도록 도와주는 것이 바람직하다. 그리고 시선을 위로 향하게 유도해 미래의 목표를 말할 수 있도록 해보자.

단지 한 마디 말을 던져주는 것이 의외로 훌륭한 커뮤니케이션이 되어 상대와 깊은 신뢰 관계를 쌓는 계기가 되기도 한다.

목표가 있을 때
의욕이 생긴다　　　　은정 씨와 둘이서 홍차를 마시며 맛있는 앵두를 먹었다. 그 사이에도 은정 씨는 호기심이 넘쳐 아까 주고받은 대화에 대하여 더 많은 이야기를 듣고 싶어하는 모습이었다.

"이 앵두 정말 맛있네요."

"감사합니다. 어머니께서 직접 기르신 거라 파는 것과는 정말 다르지요? 그건 그렇고 선생님과 이야기를 나누면 의욕이 생겨나고 힘이 솟는 것 같아요."

"호호, 그렇군요. 의욕이 생겨나고 힘이 솟는군요. 은정 씨가 그렇게 말해주니 저도 기쁘네요. 아까 한 것은 '8단계 목표 설정(8 frame outcome)'이라는 NLP기법이에요. 한 사람의 아웃컴을 명확하게 이끌어내는 여덟 개의 질문으로 이루어져 있지요."

"아웃컴은 또 뭐죠?"

"자세한 설명은 조금 이따하고 우선 간단히 말하면 '아웃컴(outcome)'은 목표, 목적, 꿈, 성과, 결과와 같은 것이에요."

"우와! 이것도 NLP군요. 지금까지 저는 NLP란 사람과 사람 사이의 커뮤니케이션 기법이라고만 생각하고 있었는데 개인의 목표를 이끌어낼 때도 사용할 수 있네요. 생각해보니까 선생님과 이야기를 하다가 갑자기 의욕이 솟아났어요. 새삼스럽게 선생님과 사이가 좋아진 것은 아닐 테고, 왜 그런 거죠?"

"호호, 방금 말씀드린 '8단계 목표 설정' 기법 때문이에요. NLP는 커뮤니케이션에도 많이 쓰이지만 사람과 사람 사이의 관계를 개선하는 것뿐만 아니라 여러 방면에서도 쓸 수 있는 기법들이 있죠. '8단계 목표 설정'은 아까 한 것처럼 사람과의 대화를 통하여 상대방의 의식을 의욕적으로 변화시키는 기법이기도 하고, 자기 자신과의 커뮤니케이션 속에서도 사용 가능한 기법이기도 해요."

"상대방의 의식을 변화시키고 자기 자신과의 커뮤니케이션?"

"그래요. 제가 NLP를 강의하면서 정리한 NLP의 전제 중에 '커뮤니케이션이란 상대방의 의욕을 이끌어내는 것이다'라는 것이 있어요. 지금까지 은정 씨에게 이야기했듯이, NLP에는 상대방과의 커뮤니케이션에도 매우 유효하지만 자기 자신과의 커뮤니케이션에도 사용할 수 있는 좋은 기법들이 아주 많아요."

은정 씨는 또 무슨 말이 나오나 하고 기대에 차서 나를 바라보고 있었다.

"먼저 아웃컴에 대해 이야기해 볼까요? 아웃컴이라면 아까 말한 것 외에도 골(goal), 바람직한 상태와 같은 의미도 있지요. 일반적으로 사람은 아웃컴을 생각할 때 의욕적으로 변하지요."

"아웃컴…이란 말이죠?"

"그래요, 아웃컴. 단, 여기서 말하는 아웃컴은 다른 사람에게서 강요

당한 것이 아니라 자기 스스로 정한 것이어야 해요. 즉, 자신이 정말 원해서 가슴이 뛸 만한 일이어야 해요. 은정 씨가 처음에 목표 매출에 대해서 말한 아웃컴은 은정 씨 스스로가 원하는 것이라기보다 회사에서 주어진 목표이지요. 그래서 은정 씨가 부담과 스트레스를 느꼈던 건지도 몰라요."

아웃컴 모형(outcome model)이란? 아웃컴이란 바람직한 상태(목표, 목적, 성과, 비전 등)를 의미한다. 현상에서는 아직 이루지 못했지만 이루기를 바라는 일이나 상태를 말한다. 이러한 개념을 모형화하여 그림으로 나타낸 것이 아웃컴 모형이다. 현상과 아웃컴 사이에는 그것을 실현하는 것을 가로막고 있는 '방해 요소'(문제, 과제, 고민 등)가 있다.

아웃컴을 표현할 때는 구체적이고 긍정적으로 나타내야 한다. '구체적'이라는 의미는 예를 들어 '직장에서 성공하고 싶다'라고 막연히 표현하기보다 좀 더 '성공'이라는 목표를 명확히 해서 '연봉을 1억 원으로 높이겠다' 혹은 '고객을 100명 늘린다' 등 수치화해서 상세하게 명시하라는 말이다. 그래야 실제로 행동 계획을 세우기 쉬워진다. 또 '긍정적'이라는 의미는 '실패하지 않도록' 또는 '무리하지 않게' 등으로 부정적으로 표현하는 것이 아니라 '스스로 즐긴다'라든가 '최선을 다한다' 등과 같이 긍정적으로 표현해야 한다는 말이다. 긍정적인 생각을 할 때 우리의 뇌는 좋은 에너지를 발산한다. 이러한 좋은 에너지는 우리를 의욕적으로 변하게 하고 우리가 가진 능력치를 끌어올린다. "천재는 노력하는 사람을 이기지 못하고 노력하는 사람은 즐기는 사람을 이기지 못한다"라는 말은 이를 단적으로 표현한 것이다. 그런데 우리 뇌는 일반적으로 긍정적인 요소보다 부정적인 요소를 더 빨리 받아들이는 경향이 있다. 그렇기 때문에 긍정적으로 생각하려고 끊임없이 노력해야 한다. 그래야만 스스로 아웃컴을 이루기 위해 의욕적으로 노력하게 된다. 그리고 아웃컴과 아웃컴을 이루는 과정에서 나타나는 방해 요소를 사전에 명확히 구분해야 한다. 그럼으로써 우리는 해야 할 일과 하지 말아야 할 일을 정확하게 인식하게 되고 나아가 시행착오를 줄일 수 있다.

"생각해보니 선생님 말씀이 맞는 것 같아요. 월 매출 목표 숫자를 생각하면 스트레스도 받고 부담스럽기도 했으니까요."

"그렇군요. 스트레스도 받고 부담스럽기도 했네요. 그래서 저는 은정 씨에게 은정 씨의 아웃컴을 명확히 할 수 있는 질문을 했던 거지요. 아웃컴 모형을 보면 목표를 실현하는 것을 가로막고 있는 것이 어떤 것인지 좀 더 쉽게 이해될 수 있을 거예요."

"목표 숫자를 달성하는 것만이 아니라 나 자신의 목표가 한층 더 크고 명확하게 됨으로써 제가 지금 느끼는 것과 같은 진취적인 기분이 나온 것이군요"

"그래요. 목표를 크고 명확하게 잡는 것이 중요하죠. 그리고 수치화된 당장의 목표를 달성하고 나면 또 그 다음으로 정말로 실현하고 싶은 무엇인가가 그 앞에 다시 나타나게 되는데, 그것이 당면한 아웃컴 너머에 있는 '궁극적 아웃컴(meta outcome)'이라고 할 수 있죠. 이 궁극적 아웃컴이 명확히 설정된다면, 눈앞에 있는 아웃컴도 성공적으로 실현할 수 있게 되지요."

"네, 이제 알겠네요. 궁극적 아웃컴을 정확하게 설정하는 것이 중요하군요. 방금 말씀하신 내용은 제 팀원들에게도 활용할 수 있을 것 같아요. 내일이라도 회사에 가서 빨리 시도해 보고 싶어요."

🥿 강의 노트 | 아웃컴이 의욕을 부른다

먼저 "정말로, 정말로 원하는 게 뭐지?"라고 자신에게 묻는다. 일상생활에서 "정말로, 정말로 내가 원하는 것이 무엇일까?"라고 스스로 깊이 질문하는 사람은 그다지 많지 않을 것이다. '갖고 싶다', '있으면 좋겠어'라고 생각해도 그것을 실제로 가지려는 노력을 하기 전에 미리 포기해 버리는 사람도 많을 것이다. 그렇기 때문에 우선 자신에게 "정말로, 정말로 내가 원하는 게 뭐지?"라고 물어보도록 하자. 사람은 정말로 원하는 것을 찾게 되면 자연히 원하는 것을 이루기 위해 행동하게 된다. 또 그 목적을 실현하기 위해서 무의식적으로 노력하게 되어 있다.

여기서는 일부러 '정말로, 정말로'라고 같은 말을 두 번 반복하여 사용했다. 대부분의 현대인들은 자신이 '정말로 원하는 것이나 정말로 원하는 상태'를 찾으려고 하지 않는 경우가 많기 때문이다. '정말로, 정말로' 원하는 것이 무엇인지 생각해봄으로써 '목적을 너무 쉽게 포기하고 있지는 않은지?', '한계를 정하고 있지는 않은지?', '주위 사람들이나 세상의 눈을 의식하고 있지는 않은지?'와 같은 반성을 할 수 있게 된다.

"○○하지 않으면 안 된다.", "○○해야만 한다." 같이 의무감만으로 살게 되면 소중한 하루를 스트레스 받으며 낭비하게 된다. 지금 당신의 행동이 당신의 미래를 만들고 있음을 마음에 새기도록 하자. 만일 매일 피로감이나 공허감을 느끼고 있다면 반드시 스스로 질문해 보도록 하자. "나는 ○○을 한다!", "나는 ○○을 원한다!" 당신이 마음에서 원하는 것, 정말로 정말로 원하는 것이나 원하는 상태, 원하는 인간관계를 찾아보자. 그리고 그것들을 확실하게 실현하기 위하여 지금 당장 행동해보자.

구체적이고
긍정적으로 표현한다   "뭐가 되고 싶어요?" "부자요."

이 '부자'라는 말은 사용하는 사람에 따라 그 이미지가 다를 수 있다.

'재산이 수십억 원 되는 사람을 부자'라고 하는 사람이 있는가 하면 '고급차를 3대 갖고 있는 사람을 부자'라고 하는 사람도 있다. '연봉이 2억 원 이상은 되어야 부자'라는 사람도 있을 수 있고 '연봉이 5억 원 이상 되지 않으면 부자가 아니다'라고 생각하는 사람도 있다. 혹은 '은행에 5천만 원의 예금이 있다면 부자'라고 생각하는 사람도 있을 것이다.

'부자.'

이것만으로는 아웃컴이 구체적이라고 할 수 없다. 구체적이란 그것을 원하는 사람이 정말로 원하는 상태를 상세히 묘사하여 눈앞에 그려볼 수 있는 상태를 의미한다. 이렇게 눈앞에 그릴 수 있게 되려면 하루에도 몇 번씩 자신의 아웃컴을 되뇌어야 한다. 이 과정에서 정말 자신이 원하는 것을 발견하게 되는 것이다. 그렇기 때문에 아웃컴은 구체적이면 구체적일수록 실현할 가능성이 높아진다.

어떤 목표가 실현되었다면, 명확하게 증거를 남겨야 한다. 그리고 그 이미지를 핸드백, 양복, 장신구, 시계, 취미, 여행, 사회봉사와 같이 구체적으로 설정할수록 아웃컴을 달성하기 쉬워진다. 왜냐하면 그것들이 실제로 실현되었을 때, 그전에 세웠던 '부자가 된다'라는 아웃컴에 한걸음 가까워졌다는 증거가 되기 때문이다. 예를 들면 핸드백이나 시계라면 우선 그런 것을 언제까지 얼마 정도의 가격대의 것을 손에 넣을 것인지를 명확히 하고, 그것을 구입할 돈을 모으는 것부터 시작해야 할 것이다.

아웃컴에 한걸음이라도 가까이 다가가고 있다는 성취감이 다음 단계로 나아가게 하는 원동력이 된다. 이와 같이 아웃컴을 더욱더 구체화하는 것이 아웃컴을 실현시켜갈 때의 중요한 포인트이다.

개인뿐 아니라 회사와 같은 조직의 목표라고 하더라도 마찬가지다.

이 목표가 달성되면 그것을 위해 일하는 사람들은 어떻게 되는가? 환경은 어떻게 되는가? 나아가 회사나 조직 자체는 어떻게 되는가? 조직과 직간접적으로 연결된 사회에는 어떤 영향을 미치게 되는가? 이런 것들을 명확히 해야 동기 부여가 잘되어 아웃컴을 달성하기 쉽다.

나에게 꼭 맞는
아웃컴을 설정한다

아웃컴(단기 목표)은 물론, 궁극적인 아웃컴까지 명확한데도 막상 실현하려고 하면 웬일인지 그다지 의욕을 느끼지 못하는 경우가 있다. 이러한 현상은 아웃컴을 지나치게 높거나 낮게 설정해서 생기는 경우가 많다.

예를 들어 그동안 월평균 10건의 신규 고객을 발굴한 사람이 '이번 달 목표는 5건입니다'라고 목표를 설정했다면 목표가 구체적이긴 하나 의욕적이 되기는 어려울 것이다. 자기 경험에 비해 목표가 너무나 지나치게 작으면 '해보자!'라는 동기 부여가 아무래도 덜 될 것이다.

한편 같은 사람이 '이번 달 목표는 50건이다'라고 결정하면 이번에는 목표가 지나치게 커서 오히려 압박감을 느끼게 되어 스스로 먼저 '그건 무리야'라고 체념하게 될 것이다. 그렇게 되면 의욕을 일으키기 전에 무게에 짓눌리는 느낌을 먼저 받게 된다.

이와 같이 아웃컴은 구체적으로 정했다 하더라도 의욕적으로 실행하기 위해서는 적절한 크기나 기간으로 조정하는 것이 중요하다. 여기서 목표를 적절히 조정한다는 것에는 크게 두 가지 방향이 있다. 하나는 '목표를 더 높게 잡는다' 혹은 '기간을 짧게 한다'라는 사고방식인데 이것을 '상향적량화(上向適量化, chunking up)'라고 한다. 다른 하나는 '목표를 낮게 잡는다' 또는 '기간을 늘린다'라는 사고방식인데 이것은 '하향적량화(下向適量化, chunking down)'라고 한다.

예들 들어 5건이라는 목표를 상향적량화한다면, 즉 목표를 더 크게 조정한다면 '목표는 15건이다(목표를 크게)' 혹은 '10일에 5건씩 발굴한다(기간을 짧게)'와 같이 설정할 수 있을 것이다. 마찬가지로 50건이라는 목표를 하향적량화한다면 '목표는 15건이다(목표를 작게)' 또는 '3개월의 목표를 50건으로 한다(기간을 길게)'라고 하는 것과 같이 조정할 수 있을 것이다.

목표가 아무리 구체적이더라도 스스로 즐겁게 실행할 수 없으면 큰 의미가 없다. 그러므로 즐겁게 아웃컴을 달성하기 위해서는 스스로 동기부여할 수 있는 적절한 크기와 기간의 목표를 설정하는 것이 중요하다.

다이어트에도 NLP를 활용할 수 있다   "선생님, 오늘 외부에서 영업 활동을 마치고 회사로 돌아가려던 참이에요. 그런데 마침 가까운 데 있어서 잠깐 인사라도 드릴까 하는데 괜찮으신가요?"

"아, 은정 씨. 마침 스케줄도 비어 있으니 와도 좋아요."

잠시 후 은정 씨가 웃는 얼굴로 나타났다.

"어서 오세요. 하늘색 정장이 잘 어울리네요. 아주 발랄해 보여요."

"감사합니다. 힘써 뛰어온 저 저신에게 상을 준다는 뜻에서 한 벌 샀답니다."

자리에 앉자마자 은정 씨는 하고 싶었던 말을 풀어 놓았다.

"그동안 몇 번 선생님과 얘기를 나눈 뒤부터 제 생각도 바뀌었어요. 우선 저 자신을 더욱 믿게 되었습니다. 그리고 선생님께 배운 NLP 기법으로 직원 한 사람 한 사람의 아웃컴을 명확히 해주었더니 팀 전체의 분위기도 훨씬 좋아지더라고요. 지난달도 목표를 달성했고 이번 달도 아직 중반밖에 안 지났지만 목표를 달성했답니다. 그전에는 목표 숫자만 의식했지만 이제는 그것만이 아니라 장기적으로 계획을 세우고 그것을 이루기 노력한 것이 매우 좋은 영향을 미치고 있는 듯합니다. 팀워크도 더욱 좋아진 것 같고요."

"정말 멋진 성과네요. 은정 씨네 팀이 하나로 뭉쳐 일하고 있는 모습이 선명하게 보이는 것 같네요. 팀장으로서의 역량 발휘도 잘 하고 있는 듯하고…. 이처럼 사람은 자기 자신에 대한 긍정적인 마인드를 얼마나 높이느냐에 따라 주변 사람들에 대한 대응 방식도 크게 바뀌게 된답니다."

"네, 정말 감사합니다. 강 부장님과 기획안에 대한 이야기를 나누고 있는데, '여성을 대상으로 하는 여행기획팀을 따로 만들까?'하는 데까지 의견이 나오고 있어요. 그래서 요즘은 하루하루가 즐겁기만 해요!"

"그래요. 여성을 대상으로 하는 여행기획팀을 따로 만드는 얘기가 나오다니. 정말 가슴이 벅차겠네요."

"예. 그것뿐 아니라, 사실은 지난번에 가르쳐 주신 방식을 적용하여 친구와 함께 다이어트를 시도했는데 성공했습니다!"

"우와, 대단하네요. **다이어트에 성공했다니…**. 어쩐지 오늘은 왠지 모르게 은정 씨가 더 산뜻하고 멋있다는 생각이 들었어요."

"감사합니다. 선생님께 당면한 아웃컴보다 더 중요한 '궁극적 아웃컴(meta outcome)' 말씀을 들은 후에 오랜만에 친구와 통화하게 되었어요. 그런데 친구가 저와 만나지 못한 사이에 살이 너무 쪘다고 한탄하는 거예요. 그래서 '많이 먹는데도 긍정적인 의도가 있다'라고 말했었죠. 그러고 나서 며칠 후에 만났더니 '긍정적 의도'를 알아도 역시 먹는 것은 멈출 수가 없다고 하더라고요. 그러면서도 살을 좀 빼고 싶다는데, 그때 궁극적 아웃컴 개념이 떠오르더라고요. 마침 저도 다이어트를 계획하던 차에, 잘됐다 싶어 친구에게 NLP 개념을 한번 시도해 보려고 했죠. 잘되면 함께 다이어트를 할 동지가 생길지도 모른다는 생각도 들었고요."

"호호, 때 맞춰 잘 기억해 냈군요. 그래서 어떻게 되었어요?"

"그래서 그 다음부터는 친구에게 NLP식으로 질문을 했지요. '만일 날씬하게 되면 나아가서는 어떻게 되고 싶어? 하고 싶은 게 뭐야?'라고 물었더니 '하와이 해변을 비키니 차림으로 섹시하게 걷고 싶어'라고 하지 뭐예요. 그래서 그것을 친구의 궁극적 아웃컴이라고 받아들였어요. 마침 저랑 생각도 비슷했고 내성적인 친구라 그런 대답을 할 줄 몰랐는데 그렇게 대답해서 깜짝 놀랐어요."

"좋아요. 하와이 해변을 비키니 차림으로 섹시하게 걷고 싶은 것이 그 친구의 궁극적인 아웃컴이었군요. 그런 아웃컴을 이끌어냈다는 것을 보면 은정 씨가 그 기법을 잘 사용했다는 것을 알 수 있어요."

"그렇게 말씀해 주시니 저도 기분이 좋네요. 그래서 둘이 함께 바로 수영복 매장으로 달려가서 날씬해지면 입으려고 약간 섹시한 수영복을 샀어요. 그리고 올 여름에 같이 하와이에 갈 계획도 세웠고요. 친구와 같이 하와이 해변에서 새로 산 수영복을 입고 걸을 생각을 하자마자 가슴이 두근거리면서 활력이 솟아나더군요. 전에 선생님께서 아웃컴은 의욕이 솟구쳐 오를 만큼 알맞게 적당한 크기로 설정하는 것이 중요하다고 가르쳐 주셨잖아요. 그래서 친구랑 둘이 매일 몸무게를 체크하면서 동시에 일주일 단위로 다이어트 목표를 세웠어요. 그 덕에 놀랄 만큼 순조롭게 체중이 빠지고 있어요. 벌써 4킬로그램이나 빠져서 깜짝 놀랐다니까요! 제 친구도 벌써 5킬로그램이나 빠졌고요. 서로 좋은 자극을 주고받고 있어서인지 지금은 다이어트가 고통스럽지 않고 즐거워졌어요."

"우와, 4킬로그램이나! 대단해요! 아웃컴이나 궁극적 아웃컴의 설정 방식을 완전히 자기 것으로 만들었네요. 게다가 친구에게 NLP식 질문도 하는 걸 보면 은정 씨가 일상생활에서도 아주 잘 활용하고 있네요. 그렇게 NLP를 잘 활용하고 있다니 저도 기뻐요."

"호호 뭘요. 친구도 'NLP가 정말 효과가 크네!'라며 놀라고 있어요. 그동안 친구는 다이어트를 시도할 때마다 좀처럼 제대로 잘되지 않아서 한탄만 해왔거든요. 그런데 다이어트뿐만 아니라 궁극적인 아웃컴을 설정하고 하와이 여행이라는 포상도 확실하게 정했기 때문에 고통스럽다기보다 오히려 즐겁게 할 수 있었어요."

"은정 씨. 앞으로도 아웃컴을 설정할 때는 지금처럼 구체적으로 목표를 정하고 적절하게 계획을 세워 보세요. 늘 자신을 믿고 행동하면 돼요. 또 좋은 결과를 얻게 되면 그때 또 저에게 알려주세요."

"네, 오늘은 계속 제 자랑만 한 것 같아 조금 부끄럽네요. 그래도 선생님이 알려주신 방법대로 하니까 다 잘돼서 정말 감사해요. 또 아웃컴을 이루게 되면 보고하러 올게요."

환한 얼굴로 밖으로 나선 은정 씨는 자신의 아웃컴이 기다리는 미래를 향해 한걸음씩 내딛고 있는 듯했다. '의욕을 일으키고, 자신을 믿으세요'는 은정 씨만이 아니라 모든 여성에게 향하여 전하고 싶은 메시지다. 아니 모든 젊은이에게 던지고 싶은 외침이다. 의욕을 잃고 하고 싶은 일을 포기함으로서 얻는 것도 조금은 있을지 모른다. 그러나 의욕을 잃고 포기함으로서 잃는 것이 더 크다는 것을 알아야 할 것이다. 이제는 자신을 믿고 꿈꾸던 미래의 가능성을 붙잡아 보자. 은정 씨를 배웅하며 이런 생각을 하니 나도 가슴이 뜨거워졌다.

※이 장에서 언급한 '아웃컴' 개념을 실생활에서 활용해볼 수 있는 '아웃컴 달성 시트'는 부록 166페이지에 첨부되어 있습니다.

Self Check
자기점검 _

나의
시선 식별 단서는?

두 사람이 마주 보고
앉아서 실행한다.

한 사람이 질문한 후 상대방의
눈동자의 움직임을 보고 82페이지의
그림과 견주어 본다. 질문을 받은 사람은
그 질문의 답을 생각하되 굳이
응답할 필요는 없다.

질문에 대해 떠오르는 것을 본다든지,
듣는다든지, 느낀다든지 하기만 하면 된다.
응답자는 지시문에 충실히 따르고
질문자는 질문 직후 상대방의 반응을
잘 관찰 식별(calibration)한다.

1. 기억된 과거의 이미지를 찾는 질문
   – 어제 저녁에는 뭘 먹었죠?
   – 어머니의 얼굴은?
   – 초등학교 시절의 학교 모습은?

2. 미래의 구성된 이미지를
   찾는 질문(시각 Vc)
   – 당신이 나를 업으면 어떤 모습?
   – 당신이 까만 세로줄 무늬
   셔츠를 입은 모습은?
   – 당신이 쌍둥이를 낳았다면
   두 아이의 얼굴은?

3. 과거의 소리를 찾는 질문(청각 Ar)
   – 당신의 휴대폰 벨소리는?
   – 당신의 어머니가 당신을 부르는 목소리는?
   – 당신이 기쁠 때 외치는 말은?

4. 미래의 소리를 찾는 질문(청각 A
   – 로또가 당첨되었다는 전화를 받은
   당신의 목소리는?
   – 개구리가 웃는 소리는?
   – 행성이 서로 부딪치는 소리는?

5. 자문자답하는 질문(내적 대화–청각)
   – 자책할 때는 뭐라고 하죠?
   – 마음속으로 자신을 칭찬해 보세요.
   – 속이 상할 때 마음속에서 뭐라고 하죠?

6. 체각을 찾는 질문(체각 K)
   – 찬물에 들어가면 어떤 감각?
   – 지금 막 구운 빵의 향기는?
   – 역겨운 장면을 보았을 때의 느낌은

● 모든 사람의 시선 식별 단서가 82페이지 그림과 같은 것은 아니다. 이 그림은 통계적으로 가장 많이 나타난 패턴을 그림으로 표현한 것으로 좌우가 바뀌어 나타나는 사람도 있다. 그러므로 이 그림만 그대로 믿기보다 평소 다른 사람의 반응을 주의하여 살펴볼 필요가 있다.

자신의 아웃컴을 명확히 하자

자신의 아웃컴을 명확히 하고 구체화하[ ]
8가지 질문을 자기 스스로에게 적용해 [ ]
가능한 한 긍정적이고 구체적인 표현으[ ]
응답하는 것이 포인트이다.

1. 내가 바라는 아웃컴이란 구체적으로 무엇인가?
– 긍정적이고 구체적인 언어로 묘사되어야 한다.

2. 아웃컴을 달성했다면 어떻게 그것을 알 수 있는가?
– 아웃컴이 달성된 상태를 떠올리고 그 장면을 이미지(시각)화하고, 소리나 목소리(청각)를 듣고 몸의 어디에서 어떤 느낌이 드는지(체각) 체험한다.

3. 아웃컴은 언제, 어디서, 누구와 달성하는가?
– 5W2H(언제, 어디서, 누구와, 무엇을, 왜, 어떻게, 얼마나)로 구체화하여 생각한다.

4. 아웃컴을 달성하는 것은 나의 일상생활에 어떤 영향을 미치는가?
– 주위 사람들은? 나 자신은? 인간관계는? 아웃컴을 달성하는 것이 주위에 어떤 영향을 미치는지를 긍정적인 것과 부정적인 것 양 측면을 고려해 잘 살펴본다.

5. 아웃컴을 이루는 데 필요한 자원 중 내가 이미 가지고 있는 것은? 그리고 아웃컴을 이루는 데 더욱더 필요한 자원은?
– 리소스(Resource : 자원)란 성과 달성을 지원해 주는 모든 것이다. 자기의 신체 상태, 심리 상태, 체험, 인적 네트워크 등을 포함한다.

6. 현재 아웃컴의 달성을 가로막고 있는 방해 요소는 무엇인가?
– 고민, 방황, 포기, 방관, 방치, 의욕 상실 등 모든 방해 요소를 구체적으로 말한다.

7. 아웃컴을 달성하는 것은 내게 어떤 의미가 있는가?(궁극적 아웃컴)
– 일상생활이나 앞으로의 인생은 어떻게 바뀔 것인가?

8. 그러면 지금 즉시 해야 할 행동은[ ] 우선 무엇부터 시작할 것인가?
– 구체적인 행동 계획을 세운다.

● 왼쪽의 자기점검 내용은 NLP의 '8단계 목표설정(8 frame outcome)'이라는 기법이다. 이는 자기 스스로에게 질문해서 응답해 나가는 방법으로 자신에게 실행할 수도 있고, 친구나 가족은 물론 회사 동료나 부하 직원 등 주위 사람에게 질문해서 상대방의 아웃컴을 구체화해줄 수도 있다. 특별히 코칭한다는 내색 없이 일상적인 대화를 하듯 하나씩 질문해가면 된다. 질문하고 응답하는 사이 자신도 모르게 아웃컴이 명확하게 되고 자신(혹은 상대방)의 의욕을 이끌어낼 수 있게 된다.

Part. 4

넘어지며

배운다

For Woman's Excellent Life

다이어트에 성공한 은정 씨, 그동안 고생한 자신을 칭찬하는 뜻에서 친구와 하와이에 다녀왔다. 물론 국내에선 함부로 입지 못할 만큼 섹시한 비키니도 챙겨서 말이다. 비키니 차림으로 와이키키 해변을 걸으며 화려한 S라인을 자랑하자 사방의 외국인들도 모두 은정 씨를 흘긋 쳐다봤다. 한껏 자신감에 찬 그녀, 발걸음도 도도했다.

그런데 문제가 생겼다. 케이 선생님께 드릴 선물까지 사들고 귀국했는데 그만 회사에 문제가 생긴 것이다. 늘 잘해오던 일이었는데…. 은정 씨는 갑자기 다급해졌다. 무슨 일부터 해야 할지 잘 모르겠다. 이럴 때 떠오르는 것은 역시 케이 선생님 얼굴. 하와이에서 산 선물도 드릴 겸 은정 씨는 케이 선생님의 사무실을 찾았다.

문제에
부딪히다   "은정 씨, 하와이에는 잘 다녀왔어요? 훨씬 더 건강해진 것 같네."

"안녕하세요, 선생님. 이거 하와이 여행 기념 선물이에요. 초콜릿과 숄입니다."

"어머! 고마워요."

은정 씨는 밝게 이야기하고는 있지만 여느 때와 달리 혈색이 안 좋아 보였다. 웃는 얼굴도 자연스럽지 않고 억지로 웃는 것 같은 느낌도 들었다. 표정에 생기가 없는 은정 씨가 걱정스러웠다. 그뿐 아니라 한곳에 시선을 두지 못하는 등 약간 불안한 모습이었다. 무슨 일이 생겼는지 갑자기 궁금해졌다.

"하와이에서는 어땠어요? 해변에는 나가봤어요?"

"네, 모처럼 뵈었으니 그 이야기도 해드리고 싶은데, 회사에 문제가 좀 생겨서 지금 바로 회사로 돌아가지 않으면 안 될 것 같아요."

"저런, 회사에 문제가 좀 생겼군요. 큰일은 아니었으면 좋겠는데… 급한 와중에도 일부러 시간을 내서 찾아오다니, 고마워요."

"아니에요. 음…, 역시 모처럼 찾아뵈었는데 아무래도 말씀드려야겠어요. 선생님과 말씀을 나누면 활력이 솟아오르는 느낌이 들어서요."

"그렇게 얘기해 주니 기쁘네요. 그럼 잠깐 같이 얘기해 보죠. 무엇부터 얘기해 줄래요? 방금 말씀하신 그 문제에 대한 이야기부터 할까요?"

"네, 정말로 이런 일은 처음 겪는 거라서 거의 패닉 상태예요. 계속해 오던 투어 여행 프로젝트에 문제가 생겼어요. 올 시즌에도 몇 번인가 진행했던 투어였기 때문에 전과 같이 하면 된다는 식으로 좀 느슨하게 관리했었나 봐요. 설마 우리 팀에서 이런 일이 일어나리라고는 생각도 못했거든요. 강 부장님한테도 겨우 신뢰를 얻었는데 이번 일 때문에 제 입장이 곤란해졌어요. 또 아무리 저희 팀원이 실수한 것이라고는 하지만 제가 제대로 관리 못한 것 같아서 죄책감도 들고요."

"그래요. 처음 겪는 거라서 거의 패닉 상태로군요. 상사는 실망의 기색이 역력하고 당신은 죄책감도 느끼고 있군요. 잠시 이 문제에 대하여 몇 가지 물어봐도 될까요?"

"그럼요."

은정 씨에게 전해 들은 이야기를 정리하면 다음과 같다. 은정 씨 팀에서 진행하게 된 여행이 3일 후에 출발해야 하는 데, 이 여행 코스의 특징이자 자랑거리인 '슈퍼 디럭스 버스를 임대하지 못하게 되었다는 것이다.' 그것도 버스를 수배하기로 한 담당자의 초보적인 실수에서 비롯된 것이란다. 일단 가예약을 한 것까지는 잘했으나 정작 정식 예약을 잊어버리고 하지 않은 것이다. 출발 일주일 전에 은정 씨가 확인했을 때, 담당자가 뭔가 어정쩡하게 보고를 하는 것 같아서 미심쩍기는 했는데, 버스 예약 같은 것은 매우 기초적인 사항이고 개인적으로 하와이 여행 준비로 바빴기 때문에 은정 씨는 더 확인을 하지 않고 지나쳤다고 한다. 그런데 갑자기 어제 저녁에 담당자로부터 '슈퍼 디럭스 버스를 임대하지 못했다'라는 보고를 받았다는 것이다. 물론 담당자는 그동안 자기의 실수를 깨닫고 이리저리 새롭게 임대할 수 있는 루트를 찾아본 모양인데 특수 주문 제작 버스인지라 어디에서나 쉽게 구할 수 있는 것이 아니었다. 그래서 도저히 어떻게 할 수가 없다는 것을 알게 되어서야 은정 씨에게 보고한 것이었다.

물론 이런 일은 담당자가 사과한다고 해서 해결될 문제가 아니다. 그래서 팀 전원에게 비상 상황임을 선포했단다. 그리고 팀원들에게 알고 있는 모든 곳에 연락을 취하고 직접 찾아가 부탁해 보라고 했지만, 아직 버스를 정식으로 확보했다는 연락은 들어오지 않고 있다는 것이었다. 그래서 여행 패키지의 하이라이트인 '슈퍼 디럭스 버스'를 확보하지 못하는 최악의 상황도 대비하고 있다는 것이었다.

물론 나름대로 대응책을 고민하는 등 최선을 다하고 있지만 여의치 않은 상황이었다. 이제 남은 것은 '버스를 확보했다!'는 실낱 같은 희망을 기다리는 것밖에 없는 처지라 은정 씨뿐 아니라 모든 팀원이 초조한 마음으로 기다리고 있는 상태였다.

그런 와중에도 일부러 여행 선물을 들고 인사하러 찾아와 주었다는 것은 은정 씨가 무의식적으로 나에게 도움을 얻으려고 하기 때문이라고 생각되었다. 그렇게 생각하면서 은정 씨의 이야기에 처음부터 주의 깊게 귀를 기울였다.

도대체 뭐가 문제인가?　　"은정 씨, 다시 한 번 문제를 정리해 볼까요? 당신이 지금 안고 있는 문제를 가르쳐 줄래요?"

마음을 가라앉힐 수 있도록 일부러 천천히 물어보자, 은정 씨도 거기에 맞추어 응답하기 시작했다.

"음…, 그러니까 이제 3일 후에 출발하는 여행 코스에서 꼭 필요한 슈퍼 디럭스 버스를 아직 수배하지 못한 거예요."

"그래요. 아직 버스를 수배하지 못한 것이 문제군요. 그렇다면 이 문제가 은정 씨에게 문제가 되는 이유가 뭐죠?"

"그건, 저희 팀이 실시하는 여행 코스이기 때문에 팀의 성과, 그리고 제 성과에 관계되기 때문이죠. 게다가 하이라이트인 슈퍼 디럭스 버스가 없으면 여행 참가를 신청하신 고객들에게 면목 없는 일이기도 하고요."

"그렇군요. 팀과 당신 자신의 성과에 관계되고 여행에 참가하신 고객들에게 면목 없는 일이군요. 여행에 참가하신 고객들에게 면목이 없다는 것은 또 왜 문제죠?"

"그러니까…, 우리 여행에 참가하신 분들에게는 즐겁고 만족스러운 느낌을 맛보게 해드리고 싶은데, 하이라이트인 슈퍼 디럭스 버스가 없으면 아무래도 고객들이 만족하시지 않을 테니까요."

"여행에 참가하신 분들에게는 즐거운 느낌을 맛보게 해드리고 싶은 거군요. 그러면 언제부터 이런 문제가 생긴 거죠? 또 최악의 상황이 있다면 언제였지요?"

"문제를 느낀 것은 3일 전부터고 최악의 상황은 지금이에요."

"누구 때문에 이 문제가 일어났다고 생각하지요?"

"으음…, 그 일을 맡았던 담당자, 그리고 제 탓이라고 생각해요."

"그렇군요. 그러면 이 문제는 당신에게 어떤 방해 요소가 될 것 같나요?"

"방해 요소라면…, 먼저 일에서 동기 부여가 잘 안될 것 같아요. 의욕이 사라지게 되고 팀 전체의 사기도 떨어져버릴 것 같은 느낌이 들어요."

"그렇군요. 당신도, 팀도 동기 부여가 잘 안되겠군요. 그러면 은정 씨가 정말 바라는 것은 무엇일까요?"

이때 은정 씨의 시선이 위로 올라갔다.

"그건 역시 이번 여행이 성공해서 참가하신 고객들이 기뻐하는 것이죠. 그게 가장 중요하다고 생각해요."

"고객들이 기뻐하는 것이 가장 중요하군요! 그것이 은정 씨가 정말 바라는 일이기도 하고요."

은정 씨는 단호한 어조로 힘차게 응답하였다.

"네, 제가 일을 하면서 가장 보람을 느끼는 부분이니까요."

"그럼, 무엇부터 시작할 건가요?"

"우선 버스 확보에 온 힘을 쏟을 겁니다."

"자, 은정 씨. 저와 이 문제에 대해 이야기하기 전과 이야기하고 난 후, 어떤 차이가 느껴지나요?"

은정 씨는 아까보다 훨씬 편안해진 듯한 표정을 지으며 말했다.

"처음에는 문제가 생겼다는 초조함과 부하 직원에 대한 분노가 함께 들었는데요. 나중에는 '고객들이 기뻐하는 것이 가장 중요하다'라는 것을 인식할 수 있게 되자, 웬일인지 그런 마음이 사라졌어요. 부정적인 면

보다 제가 정말 바라는 방향으로 해결해야겠다는 생각도 들고요."

"그래요. 잘됐네요. 우리가 한 것은 '문제 지향 코칭'이라는 기법인데요. 이 기법은 문제의 본질을 깨닫게 하는 것이지요. 보통 문제는 여러 요소가 뒤섞이고 연결되어서 커다란 문제로 악화되는 경우가 많지요. 이번 일도 따져보면 버스 확보 문제, 담당자의 실수 문제, 은정 씨의 관리 소홀, 고객에 대한 문제 등 여러 가지 문제로 생각해볼 수 있지요."

"아, 말씀을 듣고 보니 정말 그렇군요."

"스스로 무엇이 문제인지 명확히 하는 것은 매우 중요한 일입니다. 문제라는 것은 대체로 자기가 가지고 있는 신념과 가치관 중에 무엇인가가 방해 받고 있을 때에 느끼게 되는 것이죠. 지금 이 경우는 당신이 소중히 여기고 있는 '고객들이 기뻐하는 것이 가장 중요하다'는 신념이나 가치관이 방해 받고 있는 것이지요."

은정 씨는 다소 의아스러운 표정으로 물었다.

"신념? 가치관이라니요?"

신념, 가치관(Belief, Values)이란? NLP에서는 한 개인이 '소중히 여기는 것', '진실이라고 믿고 있는 것' 혹은 '맹신하고 있는 것' 등을 말한다. 이는 각 개인의 판단 기준이라 할 수 있다. 예를 들면 '약속은 지켜야만 한다!', '손윗사람에게는 존경을 표시해야 한다!' 와 같이 스스로 어떻게 행동할지에 대한 판단 기준이 되는 것이 신념, 가치관이다. 나아가 '돈을 추구하는 것은 저속하다, 사람을 간단히 믿어서는 안 된다'와 같이 사회 통념에 따라 믿어버리는 것이나 스스로 그렇다고 결정해버린 것도 NLP에서는 신념, 가치관으로 취급한다. 이렇게 사람이 무의식중에 하는 선택의 판단 기준으로 작용하는 것을 신념, 가치관이라고 한다.

"문제에만 의식이 집중되어 있을 때에는 생각이 좁아져서 주변 상황이 좀처럼 보이지 않게 돼요. 이럴 때는 자신이 정말 원하는 것이 무엇인지 깨닫는 것이 중요하죠. 그래야 다시 의욕이 솟구치거든요. 은정 씨도 저와 대화를 통해 당면한 문제에서 한발 물러나 정말로 은정 씨가 원하는 게 무엇인지 깨달았기 때문에 초조함이나 분노와 같은 마음으로부터 벗어날 수 있었던 것입니다."

"아…, 저도 문제를 보는 데만 급급해서 그렇게 초조하고 불안했던 거군요."

나도 모르는 나의
나쁜 습관을 알자

"누구 때문에 이 문제가 일어났다고 생각하느냐고 질문했을 때 담당자와 자기 탓이라고 말했는데 그건 어째서죠?"

"실은 담당자에게 최종 확인을 했을 때, 그 부하 직원이 평소와는 다른 반응을 보여서 순간적으로 '뭐지?' 하는 생각이 들었어요. 그런데 제가 더 확인하지 않고 그냥 지나가고 말아서…. 선생님 질문을 받고 나서야 알아차리긴 했지만, 저는 그 담당자뿐 아니라 제대로 관리 못한 저 자신에게도 실망했거든요."

"그랬군요. 은정 씨는 담당자의 이상한 반응에서 뭔가 미심쩍은 것이 있었지만 흘려버리고 말았네요. 그래서 은정 씨도 안절부절못하고 있었던 거군요. 잠깐 그때의 일을 떠올려볼 수 있어요?"

"네, 그러죠. 제가 담당자에게 '버스는 잘 준비되었지요?'라고 확인했을 때, 담당자가 순간적으로 멈칫하는 거예요. 그러고 나서 '아, 그게…, 예'라고 얼버무리더라고요. 그래서 저는 '뭐지? 뭔가 이상해'라고 생각했지만, 워낙 기초적인 사항이라 그 이상 캐묻지 않고 그저 '잘 마무리 해주세요'라는 말만 했거든요."

"그럼 그때의 감각을 떠올려 보죠. '뭔가 이상하다'라고 생각했으면서도 확인하지 않고 지나쳤을 때, 어떤 느낌이었지요? 왜 더는 확인하지 않고 그대로 흘려버렸을까요? 무슨 이유가 있었나요?"

"그때의 감각이라…, 더는 확인하지 않게 한 이유를 떠올려 보라는 말씀이죠?"

"그래요. 은정 씨는 '뭔가 이상하다'라고 생각했어요. 그렇다면 그 자리에서 담당자에게 확인할 수도 있었을 거예요. 그런데도 확인하지 않았죠. 그것은 은정 씨가 확인하려는 행동을 무의식중에 멈추게 한 무엇인가가 있기 때문이지요. 그때의 느낌을 다시 느껴보기로 해요."

꼼짝 않고 조용히 자기의 내면을 찾는 듯이 앉아 있던 은정 씨가 입을 열었다.

"글쎄요. 뭔지 모르게 가슴 근처가 답답하고 개운치 못한 느낌이었어요. 확인을 한 번 더 하고 싶었지만 어디선가 '뭐, 괜찮겠지. 어련히 알아서 잘하려고'라는 말이 들리는 듯해서 순간적인 판단으로 그냥 넘어간 것 같아요."

"그랬군요. 답답하고 개운치 못한 느낌이었군요. 그리고 '뭐, 괜찮겠지. 맡겼으니 어련히 알아서 잘하려고'라는 말이 들리기도 했고…. 그래서 확인하기를 그만두었군요. 이런 감각은 그때 처음 느꼈던 것인가요? 그게 아니면 혹시 그런 느낌이 전에도 있었나요?"

그러자 은정 씨도 뭔가 생각난 게 있는 듯 바로 대답했다.

"아, 그렇군요. 그렇게 물어주시니 그 감각은 전에도 느꼈던 것 같네요. 네, 틀림없이 있어요. 뭔가 미심쩍어서 좀 더 파고들어 물어보고 싶었는데 그냥 넘어갔던 적이 있었어요."

"그래요. 구체적으로 어떤 때가 떠오르지요?"

"바로 얼마 전에 남자 친구와 이야기하다가 비슷한 일이 있었어요. 남자 친구가 뭐라고 이야기를 했는데 제가 잘 못 들었거든요. 되물으면 왠지 멋쩍어질 것 같은 예감이 들어 더 이상 묻지 않았어요. 그때도 답답하고 개운치 않은 느낌이 들었어요. 생각해보니 친구와 이야기하다도 그런 적이 있었네요. 제 말에 친구가 의아스러운 표정을 짓기에, 이유를 물으려다 그만뒀었거든요."

"음…, 제 생각에는 그런 식으로 되묻지 않고 넘어가는 게 은정 씨의 나쁜 버릇 같아요."

"나쁜 버릇이요? 음. 생각해보니 그런 것도 같네요. 정말 직장에서나 일상에서나, 누구에게 물어보고 싶은 것이나 말하고 싶은 것이 있어도 끝까지 못하는 경우가 있어요. 이번에 일어난 문제도 내가 미처 확인을 하지 못한 작은 실수라고 생각했는데 알고 보니, 무의식중에 나타나는 저의 패턴 같은 것이네요."

이렇게 말하며 등이 펴지고 자세가 반듯하게 된 은정 씨를 보고 또다시 물어보았다.

"그러면 은정 씨, 이번 일 말인데 어떻게 하는 것이 바람직했을까요?"

"그야 물론 이런 실수를 사전에 방지할 수 있는 조치를 해야만 했겠지요."

"그래요. 그러면 어떻게 하면 좋았을까요?"

"담당자와 버스 건으로 이야기하면서 미심쩍게 느꼈을 때, 확실히 확인했더라면 좋았을 거예요. 팀원들과 원활한 커뮤니케이션을 해서 문제를 사전에 예방하기 위해서라도 말이죠."

"그렇군요. 그럼 만약에 은정 씨가 말한 것처럼 문제를 사전에 예방했다면 어떤 상황이 되었을까요? 그 상황이 되었다고 가정하고 무엇이 보이는지, 무엇이 들리는지, 그리고 무엇이 느껴지는지 말씀해보세요."

이렇게 질문하자 은정 씨는 잠시 당황하는 모습을 보였다.

"선생님, 그렇게 말씀하셔도 실제로 그렇게 하지 못했기 때문에 이 질문에는 뭐라고 말씀드리기 어렵네요."

"그럴 수 있지요. 그래서 이럴 때 사용하는 것으로 '기성화 체험(既成化體驗, as if frame)'이라는 것이 있어요. '만약 그렇게 했다면?', '그렇게 되었다고 치고'라고 가정해보는 것인데, 미래의 가능성을 현실 체험으로 바꿔 보는 거예요. 은정 씨가 정말로 원하는 상황이 이미 현실화되었다고 생각하고 머릿속에 그려 보세요. 뭐가 보이나요?"

질문을 받고 은정 씨의 시선이 위로 향했다.

"민호 씨(버스 수배 담당자)를 비롯해서 팀원들의 웃는 얼굴이 보이네요.

서로를 더욱 신뢰하게 되어 팀워크도 좋아진 것이 보이고요. 그래서 저의 인간관계가 넓어진 것 같은 그런 느낌입니다. 음…, 들리는 것은 제가 자신감 있고 분명하게 팀원들에게 지시하는 목소리고요."

"그래요. 그 감각을 잘 기억해두세요. '그렇게 되었다고 치고'라는 '기성화 체험'으로 이번 일에서 교훈을 얻어서 다음에는 이런 실수를 반복하지 않는 것은 어떨까요?"

"네, 민호 씨에게도 문제가 생겼을 때 혼자 처리하려고만 하지 말고 팀원들과 커뮤니케이션을 해서 더 큰 문제로 발전시키지 말아야 한다는 것을 가르쳐 주어야겠네요."

지금까지 전혀 알아차리지 못했던 자기 자신의 숨겨진 패턴을 알았고 다음에 자기가 무엇을 하면 좋은지도 알게 된 은정 씨는 한층 밝고 자신 있는 모습으로 돌아갔다. 늘 문제에 부딪히면 적극적으로 해결하려는 그녀를 보니 앞으로도 계속 더 발전할 것 같다. 내가 은정 씨에게 조금이나마 도움이 된 것 같아 흐뭇해졌다.

강의 노트 | 기성화 체험으로 의욕을 이끌어낸다
"만약 그렇게 되었다고 한다면 어떨까?"

문제를 고민만 해서는 의욕적인 모습이 될 수 없다. 의욕을 이끌어내기 위해서는 자신(혹은 상대방)의 과거가 아니라 미래로, 그리고 문제가 아니라 아웃컴으로 즉, 긍정적인 방향으로 생각하게 하는 것이 효과적이다. 그러나 아무리 의식을 바꾸려고 해도 상대방에게 준비가 되어있지 않으면 오히려 저항이나 반발이 일어날 수 있다. 예를 들어 상대방의 시선이나 턱이 아래를 향하고 있을 때가 있다. 이런 경우는 상대의 심리가 부정적인 상태거나 홀로 고민하고 있는 중이므로 먼저 상대의 의식을 긍정적으로 바꾸어야 한다.

"왜? 그런 실패를 하게 된 것일까?", "어째서 잘되지 않았을까?"처럼 자책하는 모습이 보인다면, 무리해서 "괜찮아요. 힘을 내세요"라고 격려한다든지, "큰일 아니니까 너무 걱정 마세요"라고 위로하는 것이 아니라 관계성을 형성한 상태에서 그가 느끼는 문제를 확실하게 경청하는 자세가 필요하다. 그러다가 상대가 자신이 느끼는 문제를 거의 다 털어놓았을 때, "어떻게 하고 싶은 거지?", "만약 그렇게 되었다고 한다면?"라고 질문을 하면서 기성화 체험 기법을 사용하는 것이 효과적이다. 그래야 상대방의 의식을 미래로, 그리고 아웃컴으로 이끌어갈 수 있다. 시선이나 턱이 위를 향하면서 자세가 바르게 되면 기성화 체험 기법이 상대에게 제대로 전달된 것이다. 이는 앞서 시선 식별 단서에서 설명한 것처럼 시야가 넓어지고 긍정적인 그림을 보기 시작했다는 증거이기 때문이다. 이때 "뭐가 보이고 있어요?"라고 질문함으로써 상대방이 그리고 있는 이미지를 강화시켜줄 수 있다. 사람은 자신이 원하는 대로 일이 진행되기 시작하면 자연히 의욕이 솟아오르게 된다. NLP에서 '커뮤니케이션이란 상대방의 의욕을 이끌어내는 것'이라는 전제를 매우 중요하게 다루는 것도 이런 이유에서다.

이처럼 접근 방식 하나를 바꿈으로써 자신과 상대방의 의욕을 함께 이끌어낼 수 있다.

**실패를 두려워 말고,
실패해도 포기하지 않는다**　　"선생님, 드릴 말씀이 있어요."

평소보다 더욱 활기찬 은정 씨의 웃는 얼굴과 밝은 목소리, 나도 덩달아 목소리의 톤이 조금 올라갔다.

"아, 무슨 일이에요 은정 씨. 무슨 기분 좋은 일이라도 생겼나요?"

"네, 선생님. 기분 좋은 일이 생겼어요. 지난번에 회사로 돌아가 다시 팀원 모두와 회의를 하면서 '고객이 만족하는 여행을 만들고자 한다', '고객이 웃는 얼굴로 돌아가는 장면을 보고 싶다'라고 말했더니 팀의 의욕이 눈에 띄게 높이 올라가더라고요. 그때까지는 팀원 모두가 은연중에 그 버스 수배 담당자를 은근히 원망하는 분위기였거든요. 그런데 제가 솔직하게 마음을 털어놓자, 모두 원인이야 어찌되었든 고객에게 멋진 여행을 제공하고 싶다는 분위기로 바뀐 것 같았어요. 그때부터 모두 똘똘 뭉쳐 일에 매달리게 되었어요. 모두가 이런저런 아이디어를 내기 시작했는데 결국 첫날 오전까지는 일반 버스로, 그리고 오후부터는 슈퍼 디럭스 버스로 여행하는 방안으로 해결했어요."

"야아, 버스 예약이 이루어졌군요. 잘되었어요. 그래, 고객들의 반응은 어땠어요?"

"고객 모두가 매우 만족스러워하는 것 같았어요. 팀 전원이 함께 머리를 짜서 첫날은 버스 속에서 할 수 있는 레크리에이션을 준비했는데, 그것이 결과적으로 슈퍼 디럭스 버스에 대한 기대감을 높일 수 있게 된 것 같아요. 어떤 고객은 '처음에는 슈퍼 디럭스 버스가 아니어서 클레임을 걸까 하고 생각했었는데, 레크리에이션도 하고 직원들도 친절해서 오히려 즐거웠다' 라고 말씀해주시기도 했어요. 예정된 버스를 처음부터 예약하지 못하고 오후부터야 댈 수 있었다는 것은 큰 낭패였어요. 그렇지만 거기서 포기하지 않고 팀의 분위기를 새롭게 살린 것이 좋았어요. 우선 팀원 모두 하나가 될 수 있었으니까요. 일단 팀 분위기가 살아나자 위기 상황을 극복하고 목표를 달성하기 위해 창의적인 아이디어를 내고 검토를 거듭함으로써 일을 잘 마무리 지을 수 있었고요. 물론 강 부장님에게는 꾸중을 들었지만 이번 일은 저에게도 그 담당자에게도, 그리고 팀원 모두에게도 좋은 체험이 되었어요. '전화위복'이란 바로 이런 경우가 아닐까요?"

"그것 참 잘되었네요. 나도 어떻게 되었을까 하고 걱정하고 있었거든요."

"걱정 끼쳐드려 죄송합니다. 그때 기성화 체험을 할 수 있었던 것이 이런 결과를 낳은 것 같아요. 제 문제에 대한 원인부터 알 수 있었거든요. 정말 감사합니다."

"그렇게 말해주니 고맙지만 그것도 역시 은정 씨가 만들어낸 결과예요. 실제로 활용한 것은 은정 씨니까요."

"뭘요. 호호 게다가 제가 커뮤니케이션할 때 무심코 그냥 흘려버리는 패턴을 자각했기 때문에 며칠 전에 아주 좋은 일이 있었어요."

"아주 좋은 일? 그게 뭔데요?"

"실은 남자 친구와 얘기를 하는데 웬일인지 말투가 화난 것 같더라고요. 평소라면 그런 때는 '뭐지?'라고 생각이 되어도 '기분이 좀 나쁜가 보네'라고 그냥 넘어갔을 텐데 지난번에 저의 나쁜 버릇을 알았기 때문에 그냥 넘어가지 않고 곧바로 남자 친구에게 '자기, 무슨 일 있어? 아님 내가 뭐 잘못했어?'라고 물었더니 지금까지 얘기해 주지 않던 이야기를 해주더라고요. 결혼, 자녀 계획과 같은 이야기 말이에요. 남자 친구는 그동안 저에게 말하고 싶은 것이 생겨도 뭔가 분위기가 여의치 않았는지 쉽게 말을 꺼내지 못했대요. 그렇게 하고 싶은 이야기들을 가슴에 쌓아두니까 겉보기에는 화가 난 듯이 보였고요. 그래서 그날은 지금까지 하지 못했던 진지한 대화를 할 수 있었어요. 서로의 오해도 많이 풀렸고요."

"야, 그것참 좋은 소식이네요. 은정 씨가 점점 더 발전하고 있는 것 같아 저도 정말 기분이 좋아요. 새로운 이야기가 있으면 언제든 해주세요. 은정 씨가 좋은 소식을 이야기해줄 때마다 저도 정말 기분이 좋아지거든요."

"네, 여러 가지 이야기를 들어주셔서 감사합니다. 낙심하고 있을 때나 고민하고 있을 때나 어떤 때에도 제가 대처할 수 있다는 자신감이 늘어난 것 같아요. 제가 가진 자원이 한층 더 풍부해진 것 같네요. 앞으로도 많이 가르쳐주세요!"

누구나 자신만의 자원을 가지고 있다. 어쩌면 우리는 우리가 생각하는 것보다 더 많은 자원을 가지고 있을지도 모른다. 문제에 부딪혔을 때 그대로 주저앉아 버리는 것은 우리가 가진 자원들을 다 써보지도 못하는 꼴이다. 아름답게 피어날 꽃봉오리가 그대로 지는 것과 같이 안타까운 일이다. 포기하지 말고 문제가 생긴 시점으로 돌아가 보라! 천천히 문제의 원인을 찾고 방해 요소를 하나씩 제거해 나간다면 누구나 은정 씨처럼 자신이 원하는 바람직한 모습을 향해 걸어갈 수 있을 것이다. 이때 중요한 게 있다. 바로 '의욕적으로' 자신을 믿는 것이다. 자신감이 문제에 부딪힐 때마다 자신을 일으켜주는 밑거름이 될 것이다.

웃는 얼굴로 손을 흔들며 작별 인사를 하고 나가는 은정 씨의 뒷모습이 당당해 보였다. 바람직한 모습을 향해 걸어가면서 적극적으로 문제를 해결하려는 그녀의 모습에서 밝은 미래가 그려졌다. 은정 씨가 문제에 부딪힐 때마다 내가 자그마한 도움이라도 줄 수 있기를 바란다. 그리고 새삼스럽게 NLP를 가르치고 있는 내 직업과 존재에 대하여 더할 나위 없는 보람을 느꼈다.

문제해결 코칭 기법

이 기법은 스스로 '왜 이것이 문제가
되는가?'라는 질문을 통해 문제의 원인을
깊게 탐색해 봄으로써 문제의 본질을 명확히
정리할 수 있고 이를 통해 새로운 가능성을
발견할 수 있게 한다. 이 기법은 다음과
같은 순서로 진행한다.

1. 당신에게 왜
이것이 문제가 되는가?

2. 당신은 언제부터 이 문제를
안고 있었나요?

3. 최악의 상황은 언제였죠?

4. 누구 때문에
이 문제가 일어났지요?

5. 이 문제가 당신에게(혹은 당신의
일상생활에) 어떤 방해가 될까요?

6. 당신이 정말로 원하는 바람직한
상태는 무엇인가요?

● 여러 가지 문제가 서로 얽혀 있음을 알아차리지 못할 때에는 문제가 넘지 못할 산으로 생각될 것이다. 그래서 문제의 어디서부터 손을 대야 좋을지, 무엇부터 시작해야 될지 몰라 더욱 당황하게 된다. 그렇지만 이와 같은 질문을 함으로써 서로 얽혀 있는 문제 가운데서도 자신에게 무엇이 가장 큰 문제인지를 구별할 수 있다. 이런 식으로 문제를 하나하나씩 처리해 나갈 수 있을 것이다.

Part. 5

인생의
아웃컴을
찾다

For Woman's Excellent Life

요 며칠 은정 씨는 기분이 좋지 않았다. 하는 일도 잘되고 남자 친구와
도 잘 지내고 있지만, 막상 그이와 결혼을 하려고 생각하니 어쩐지 억
울하다는 생각이 든다. 나름 치열하게 20대를 보내고 지금의 위치에 섰
건만, 결혼을 하고 아이를 낳는다는 것이 지금까지 뼈 빠지게 이루어
놓은 것을 다 포기하고 한 아이의 엄마로, 한 남자의 부인으로만 살아
야 한다는 말로 들리기 때문이다. 이런저런 생각들로 머리가 복잡한 은
정 씨, 이럴 땐 케이 선생님이 답이다.

일, 결혼 그리고 여자를
힘들게 하는 것들　　　　　그동안 은정 씨에게서 별다른 연락이 없었
다. 그래서 이제 안정된 마음으로 일과 사랑을 하면서 바쁜 나날을 보
내고 있으리라 생각했다. 그런데 이상했다. 자신감과 활력으로 가득
차 돌아가던 그날과는 전혀 다른 사람이 된 듯 힘없는 목소리였기 때
문이다.

"선생님, 오늘 시간 좀 내주실 수 있으세요? 잠깐 드릴 말씀이 있어서요"라는 말에 나도 "물론이에요. 그렇게 하죠. 들려주세요"라고 대답했다.

"휴우…."

한숨을 내쉬는 은정 씨.

"저런, 웬일로 땅이 꺼져라 한숨을…. 은정 씨와 처음 만났을 때 모습 같아요."

"죄송합니다. 오랜만에 뵙는데…."

"괜찮아요. 회사 일 때문에 온 건가요? 아니면 다른 일?"

"개인적인 일로 고민이 있어서요. 그런데 처음 만났을 때라뇨?"

"은정 씨를 처음 만났을 때도 지금처럼 이 자리에서 '피곤해'라고 하면서 땅이 꺼져라 한숨을 쉬었잖아요."

"그랬던가요? 역시 선생님은 기억력이 좋으시군요. 그런데 요즘 왠지 모르게 혼란스러워서 머리가 터질 지경이에요. 선생님께 상담을 받으면서 그나마 많이 좋아졌다고 생각했는데 요즘은 다시 예전의 저로 돌아간 것 같은 기분이에요."

"그건 아마 은정 씨가 하루하루 치열하게 살고 있기 때문일 거예요. 보통 사람들 10년치를 혼자 해치우고 있으니 머리가 터질 지경이기도 하겠지요."

확실히 은정 씨는 힘이 없어 보였다. 목소리의 톤도 낮고 자세도 앞으로 기울어져 있고 시선도 아래로 깔고 있어서 걱정이 되었다.

"그런데 혼란스럽다니 어떻게 된 일이죠?"

"지금까지 제 일에 대해서도, 제 생활에 대해서도 그다지 불만을 느끼지 않았다고 생각하고 있었어요. 그런데 요즘은 자꾸 머릿속이 복잡해지는 것 같아요. 남자 친구와도 이제 겨우 장래 이야기를 진지하게 할 수 있게 되었는데, 이제는 오히려 제 자신을 잘 모르겠어요."

"은정 씨 자신을 잘 모르겠다고요? 자, 그럼 그 부분에 대해서 좀 더 자세하게 얘기해 줄래요?"

"네, 저희 커플이 서로 결혼에 대한 이야기를 나누는 게 이상한 일은 아니잖아요. 그런데 가정과 직업에 대한 얘기가 보다 구체적으로 나오게 되면 제가 어떤 선택을 해야 할지 잘 모르겠어요. 예컨대, 결혼을 하면 아이도 낳아야 하는데 그러면 제 일은 당분간 포기해야 하잖아요. 그런데 그런 선택을 내리기가 쉽지 않아요. 무엇보다 제가 정말로 원하는 게 무엇인지 모르겠어요."

"그렇군요. 직장이라든가 가정 얘기를 하다 보니 은정 씨 자신이 진정 원하는 것이 무엇인지 갈피를 잡을 수 없게 되었군요. 그럼 하나씩 풀어 나가 볼까요? 은정 씨는 결혼하면 직장은 어떻게 할 셈이에요?"

"저는 당연히 일과 결혼 생활 다 하고 싶죠. 지금 하고 있는 일에서 만족감을 느끼고 있고 또 어느 정도 이룬 것도 있는데 결혼 때문에 포기하고 싶지는 않아요. 요즘은 상사나 팀원들과도 좋은 관계를 맺고 있고 주변에서도 어느 정도 인정을 받고 있어요. 그래서 이제 하고 싶었던 프로젝트도 진행할 수 있게 되었기 때문에 포기하기가 쉽지 않은 거죠.

"그래요. 은정 씨는 이대로 일을 계속하고 싶어하는군요. 남자 친구 생각은 어때요?"

"그이도 기본적으로는 맞벌이를 원해요. 그런데 나이도 있고 해서 그런지 아이를 빨리 보고 싶어해요. 그리고 아기를 낳으면 초등학교에 들어가게 될 무렵까지는 집에 있었으면 좋겠다는 이야기도 하더라고요. 저도 아기 양육만큼은 확실하게 하고 싶다는 마음은 있지만 지금 바로 아기를 낳고 키울 자신은 없어요. 돈도 아직 좀 더 벌고 싶고…. 무엇보다 아직 마음의 준비가 안 되어서인지 아기를 키운다는 것이 조금 부담스럽기도 해요. 애가 애 키우는 것 같기도 하고 마치 '아이 때문에 일을 포기하라'라고 들리는 것도 같아서요. 그런 일로 머리가 복잡해지다 보니 정말 이대로 결혼해도 좋은지 망설여지기도 하네요. 여자들은 결혼을 앞두고 별의별 생각이 다 든다고 하더니 정말 제가 그런 것 같아요."

"정말 그렇겠네요. 남자 친구도 은정 씨도 아기를 제대로 키우고 싶다는 마음은 같지만 아직 결혼도 하기 전에 그런 것까지 고민한다는 게 꺼려진다는 이야기군요."

"네, 이런 고민을 한 지 열흘쯤 되었어요. 내일 또 남자 친구와 만나기로 약속이 돼 있는데 생각하면 할수록 머리만 복잡해져서 만나서 무슨 이야기를 해야 할지도 모르겠어요."

"그래요. 그러면 은정 씨는 여기 오면서 어떤 마음이셨는데요?"

"음…, 제 마음은 결혼도 하고 싶고, 일도 계속하고 싶고, 아기도 갖고 싶은데요. 과연 남자 친구와의 결혼 생활에서 그게 다 가능할지 자신이 없어서 아직 결론을 내리지 못하고 있어요."

"그렇군요. 그렇다면 이제부터 은정 씨 마음속에서 가정과 직장을 따로 떼어내어 생각할 게 아니라 하나로 생각해서 은정 씨 자신의 3년 후, 5년 후의 커다란 아웃컴을 만들어 본다면 어떨까요? 그렇게 멀리 아웃컴을 그려보았을 때 보이는 구체적인 목표가 '비전(vision)'이라고 하는 것이에요."

"3년 후, 5년 후 비전이요?"

"그래요. 오늘은 당신의 3년 후 비전, 그러니까 은정 씨가 진정으로 원하는 목표를 그려보도록 하죠."

그렇게 말하면서 나는 의자에서 일어나 전에 '지각위상 변환(position change)'을 했던 코칭 룸으로 은정 씨를 안내했다.

나의 3년 후를
그려보자 "자, 3년 후 당신의 바람직한 모습은?"

"바람직한 모습이요?"

"그래요. 3년 후 어떤 모습으로 살고 싶죠? 은정 씨가 정말로, 정말로 이루고 싶은 모습은 무엇이죠? 얘기해 보세요."

은정 씨는 잠깐 심호흡을 한 번 하고 나더니 이야기를 시작했다.

"우선 지금부터 3년 후 제 모습인데요. 직장에서 일도 충실하게 계속하면서 가정도 잘 꾸리고 있어요. 햇빛이 잘 드는 산뜻한 아파트에서 살고 있는데 행복한 나날을 보내고 있네요. 아기는 아직 없지만 이제 슬슬 낳으려고 생각하고 있는 중이고요. 이제는 제 남편이 된 남자 친구의 모습도 보이는데요. 아이 아빠가 된다는 생각에 벌써부터 들떠서 조금은 팔불출 같아 보이기도 하네요. 때때로 시부모님과 친정 어머니도 다니러 오시고 있어요. 회사에서는 여성에게 '마음의 안식을 찾는 여행'과 같은 기획이 성공해서 고객들도 만족하면서 웃으시네요. 호호호. 이야기하고 있자니 점점 이미지가 구체적으로 떠올라 저도 기분이 좋네요."

은정 씨는 시선도 위로 올라가고 뺨에는 엷은 홍조를 띠고 있었다.

"그래요. 직장과 가정, 두 마리 토끼를 잘 잡고 있네요. 커리어도 높아지고 직장에서 이루고 싶은 것도 모두 이루셔서 이제 슬슬 임신을 계획할 때도 된 것 같네요. 그럼 은정 씨가 생각하기에 지금 꿈꾸고 있는 상황을 현실로 이룰 수 있을 것 같아요?"

"네, 지금은 머릿속이 복잡하지만 포기하지 않고 계속 노력한다면 이룰 수 있을 것만 같아요."

"그러면 은정 씨는 은정 씨 미래의 모습을 실현할 수 있을 만한 능력을 가지고 있다고 생각해요?"

"네, 할 수 있을 것 같아요. 남자 친구나 저나 직장 생활하면서 돈도 조금 모았고 무엇보다 5년을 사귀면서 서로간의 믿음이 깊어졌어요. 그래서 함께한다면 행복한 결혼 생활을 할 수 있을 것 같네요."

"당신은 그런 바람직한 미래를 누리기에 어울리는 사람인가요?"

"네, 그렇게 생각합니다."

"그럼 이쪽으로 와주세요. 여기서부터 저쪽까지를 은정 씨의 '시간선 (時間線, timeline)'이라고 해보죠."

그렇게 말하며 나는 현재 은정 씨가 서있는 마룻바닥 위치를 중심으로 하여 앞뒤로 마치 일직선이 있는 것처럼 손가락을 움직여 그려 보았다. 그리고 서 있는 위치를 손가락으로 가리키며 말했다.

"지금 서 있는 곳을 은정 씨의 현재라고 가정합시다."

이어서 손가락으로 정면을 가리키며 은정 씨에게 말했다.

"그러면 저쪽은 미래를 가리키는 시간선이라고 할 수 있어요."

그 다음에는 반대쪽인 뒤쪽을 가리키며 말했다.

"마지막으로 이쪽은 은정 씨의 과거를 가리키는 시간선입니다."

어리둥절한 표정으로 은정 씨가 말했다.

"선생님 잠시만요. 시간선이라고요? 아니, 저의 현재, 미래, 과거가 어디라고요?"

시간선이란? 사람이라면 누구나 무의식중에 일정한 패턴의 시간선을 가지고 있다. 그래서 뇌 속에서 과거, 현재, 미래를 특정하여 기억하거나 체험하고 상상할 수 있다. 이처럼 사람은 언제나 그러한 시간 사이를 자유롭게 오갈 수 있으며 이를 통해 어떤 일이 언제 일어난 것인지, 언제 일어날 것인지 파악할 수 있다.

"그럼, 이제 시간선에 대해 이해했어요?"

"네."

"자, 그럼 미래로 향하여 시간선을 걸어보죠. 당신의 3년 후 아웃컴을 향하여 걷는 거죠. 그 바람직한 상태가 이루어지는 것을 체험하며 걷기 시작합니다."

"네."

앞을 향하여 미래의 방향으로 은정 씨는 천천히 걸어 나갔다. 나는 은정 씨의 왼쪽에 서서 천천히 발을 맞추어 함께 걸었다.

"자, 이제 한두 걸음 걷고 거기 멈춥니다."

둘이 나란히 멈추어 선 자리에서 은정 씨에게 물었다.

"이곳은 은정 씨의 3년 후 아웃컴이 시작되는 곳입니다. 눈을 감고 무슨 일을 하고 있는지, 어떤 아웃컴을 위해서 노력하고 있는지 말해보세요. 자, 지금 은정 씨가 있는 곳은 어디이고 무엇을 하고 있죠? 그 모습을 현재형으로 말해 보세요."

"회사에서 일하고 있습니다. 활기차게 맡은 업무를 처리하고 있고 주변 사람하고도 잘 지내고 있네요. 팀원들 모두가 침착하고 편안하게 일하고 있어서 분위기도 좋고요. 그래서 저도 안심하고 일에 집중하고 있습니다."

"회사에서 활력 있게 일하며 주변 사람들과도 잘 지내고 있군요. 안심하고 일에 집중하고 있고요. 그러면 더 나아가서 3년 후 아웃컴이 완전히 실현된 곳까지 가보도록 하죠."

은정 씨는 앞으로 몇 발자국 더 걷다가 멈췄다.

"네, 은정 씨가 지금 멈춰선 곳이 3년 후 아웃컴이 완전히 실현된 미래 시점입니다. 그 모습을 다시 현재형으로 말해 볼까요?"

"깨끗하고 환한 방이 보여요. 온통 흰색이라 마음까지 밝아지네요. 남자 친구와 함께 앉아 차를 마시며 TV를 보고 있어요. 두 사람 모두 웃으며 서로 이야기하고 있어요. 전부터 바라던 모습이라 그런지 너무나 편안하고 만족감과 의욕으로 충만하네요."

"그렇군요. 마음까지 환해지는 깨끗하고 밝은 방에 있네요. 그이와 함께 앉아 차를 마시는데 서로 웃으며 뭔가를 이야기하고 있고요. 자, 잠깐 숨을 고르면서 지금 느껴지는 만족스럽고 편안한 분위기를 만끽해보세요."

은정 씨는 심호흡을 하면서 그 순간 느껴지는 행복을 온몸으로 느끼는 듯했다.

"자, 이제부터는 은정 씨의 과거로 가보도록 하겠습니다. 그대로 그 자리에서 뒤로 돌아서 천천히 걸어가 보겠습니다."

"네."

"천천히 과거로 돌아가 '충실한 자원감'에 넘쳤던 경험을 세 가지만 찾아볼까요?"

충실한 자원감이란? '리소스(resource)'는 자원, 자질을 뜻하는데 그 사람과 그 사람의 아웃컴을 지원해 주는 모든 것을 가리킨다. '충실한 자원감(resourceful)'이란 목표, 자신감, 자존감, 감동 등의 '자원'이 가득 차 있는 상태를 의미한다. 예를 들어 '시험에 합격했다', '자격을 취득했다', '운동 경기에서 입상했다', '황홀한 저녁노을을 바라보며 감동했다' 등과 같이 과거에 실제로 겪은 인상 깊은 체험에서 느낀 감각을 말한다. 그동안 잊고 있었던 행복했던 과거의 모습을 되새김으로써 충실한 자원감을 다시 불러일으킬 수 있다.

"지금 그 자리에서 천천히 뒷걸음으로 걷다가 뭔가 떠오르면 그 자리에 멈추어 서서 그 체험을 말해보도록 하죠."

은정 씨가 몇 걸음 걷다가 그 자리에 섰다.

"충실한 자원감이 넘쳤던 경험이 떠오르나요? 어떤 경험이죠?"

"취직해서 제가 처음으로 기획한 투어에 참가했던 고객이 여행을 마친 후에 일부러 회사까지 와서 '정말 즐거웠어요. 고마워요'라고 감사의 인사를 전해 주었던 때입니다. 지금부터 8년쯤 전의 일이에요."

"고객이 회사까지 오셔서 감사하다고 말했던 경험이군요. 그러면 그때의 기억을 확실하게 떠올려서 지금 눈앞에서 벌어진다고 생각해보세요. 무엇이 보이나요? 또 무엇이 들리고 무엇이 느껴지나요?"

은정 씨는 그때 기억을 떠올리는 것이 몹시 좋은지 미소를 띠면서 말했다.

"고객의 웃는 얼굴이 보이고 '감사합니다'라는 목소리가 들려요. 저는 너무 좋아서 얼굴까지 빨개졌어요. 정말 그 고객에게 뭐라고 답례 인사를 해야 할지 모를 지경이에요. 당시 제 상사로 계시던 분이 제게 '잘 했어요'라고 칭찬해 주는 목소리도 들리네요."

" '감사합니다'라는 고객의 목소리와 '잘했어요'라는 상사의 목소리가 들려오는군요. 고객이 진심으로 기뻐하는 모습을 보니까 얼굴까지 빨개졌고요. 자, 어깨에 손을 대고 지금의 이 기분을 '자극 심기(anchoring)'해두죠. 아! 자극 심기는 자극을 심는다는 뜻인데 자세한 내용은 조금 이따 설명할게요."

"네!"

"자, 지금 그 느낌을 잘 기억해두세요."

나는 은정 씨의 왼쪽 어깨 부위에 오른손을 대었다. 그리고 기억해둔 첫 번째 체험의 이야기를 '말 맞추기'하면서 은정 씨의 호흡에 맞추어 오른손으로 지그시 압박을 두세 번 가했다.

"'감사합니다'라는 고객의 목소리도 들리고 '잘했어요'라는 상사의 목소리도 들립니다. 고객의 웃는 얼굴에 은정 씨의 얼굴까지 빨개질 정도로 행복합니다."

"…."

"그러면 충실한 자원감에 넘쳤던 또 다른 과거의 체험을 찾아보도록 하죠. 천천히 뒤쪽으로 걸으면서 과거로 향하다가 두 번째 체험이 떠오르면 그 자리에 멈추어 서서 그 체험을 제게 말해주세요."

천천히 뒤로 걷던 은정 씨가 다시 한 번 멈추어 섰다.

"대학교 때의 일이 떠올랐어요. 친구와 캐나다 여행을 갔던 때의 일인데요. 로키 산맥 대자연 속에서 상쾌한 바람을 쐬고 있던 때의 해방감, 대자연에 폭 안긴 듯한, 대자연이 저를 지켜주는 느낌이 떠오르네요. 친구가 정말 온몸으로 행복을 느끼는 듯 '기분 최고야~'라고 외치는 소리가 들려오네요."

"그러면 그 기분도 흠뻑 느껴보도록 하죠. 심호흡을 하고 확실히 그 기분을 느끼도록 해요."

은정 씨의 얼굴에 다시 미소가 떠올랐다.

"로키 산맥 대자연 속에서 상쾌한 바람을 쐬고 있던 때의 그 해방감, 대자연이 은정 씨를 지켜주는 기분이 듭니다. 온몸으로 행복감을 느끼고 있는 친구가 외치는 '기분 최고야!'라는 소리가 들려옵니다."

말 맞추기를 하면서 은정 씨의 왼쪽 어깨에 손을 대고 앞에서와 같은 장소에서, 같은 압박으로 자극 심기를 하였다. 그러자 은정 씨는 더욱 편안해진 표정을 짓고 있었다.

"그러면 이제 충실한 자원감에 넘쳤던 세 번째 체험을 찾아보도록 하죠. 다시 뒤쪽으로 천천히 걸어갑니다. 세 번째 체험이 떠오르면 거기에서 멈춰서 그 체험을 말로 표현합니다."

두세 걸음 뒤로 걸어가더니 갑자기 기쁜 표정으로 은정 씨가 얘기를 했다.

"대학교에 합격했던 때입니다. 어머니와 합격 발표를 보러 갔다가 게시판에 내 번호를 발견한 순간, 너무 기뻐서 '해냈어!'라고 소리치며 엄마 품에 달려들었어요. 엄마도 눈물을 흘리며 기뻐해 주셨고 저도 너무 기쁜 나머지 눈물을 흘리고 말았지요. '휴우…' 하는 안도감과 합격했다는 성취감으로 가슴이 찡해졌어요."

"그러면 그 일을 다시 한 번 충분히 체험해 보도록 하죠."

말 맞추기를 하면서 세 번째 자극 심기를 하였다.

"자, 게시판에서 합격 발표를 보고 너무 기뻐서 '해냈어!'라고 소리치며 엄마 품에 달려듭니다. 그리고 두 사람이 함께 눈물을 흘리며 기뻐합니다. 안도감과 성취감으로 가슴이 찡해지고 뜨거워지는 그런 느낌을 다시 떠올려 봅니다."

평온해진 은정 씨의 호흡에 맞추어 나도 같은 호흡 상태가 되었다.

"자, 지금 다시 체험한 이 세 가지 충실한 자원감의 느낌을 통합하면서 현재로 돌아옵니다. 천천히 걸으면서 대학교 합격 발표의 날, 캐나다 여행 때에 맛본 그 대자연, 그리고 고객에게서 감사 인사를 받았을 때의 체험, 모두 은정 씨 마음속에 통합하도록 하죠."

천천히 걸으면서 충실한 자원감에 가득했던 체험의 핵심 단어를 말 맞추기하면서 자극 심기를 반복하였다.

"자, 현재로 돌아왔습니다. 이 충실한 자원감의 체험을 통합하여 간직한 채로 3년 후 미래까지 나아가 봅시다."

두세 걸음 나아가던 은정 씨가 멈춰 서기에 무슨 일인지 물어보았다.

"일도 가정도 성공적으로 꾸려가고 있어요. 업무적으로도 경력을 더 쌓아가고 있네요. 지금은 그런 바람직한 상태를 향해 나아가고 있는 도중이에요. 자, 지금은 어떤 상태죠?"

"자신감이 넘치는 제 모습이 보입니다. 직장에는 지금보다 직원이 더 늘었고, 부서 분위기도 활기차요. 제 일을 정확히 처리하고 있어서 그런지 모두가 저를 신뢰하고 따르고 있습니다."

"자, 그럼 더욱더 당신이 바라는 모습이 실현된 곳까지 나아가도록 해보세요."

은정 씨는 몇 발자국 더 걸어가다 멈췄다.

"자, 지금 멈춰 선 곳이 은정 씨가 정말로 바라던 모습이 실현된 시점인가요? 그렇다면 은정 씨는 은정 씨의 아웃컴이 실현된 위치에 서있습니다. 자, 그곳에서 지금 무엇이 보이나요?"

"일하는 모습이 보여요. 제가 기획한 여행이 차례차례 성공해서 팀이 더 커져 있습니다. 제가 힘을 다해 마음껏 일하고 있음을 느끼고 있어요. 전화를 받고 질문에 응답하고, 활기에 넘치는 목소리가 주위에서 들려옵니다."

"그럼 그 시점에서 은정 씨의 가정은 어떻지요?"

"음…, 집에서는 매우 안심하고 휴식을 취하고 있어요. 넓은 거실과 커다란 창이 보입니다. 소파에 앉아 그이와 여러 가지 이야기를 나누고 있는데 누구보다 서로의 마음을 깊이 이해하고 있는 모습이에요. 그래서인지 그와 저, 둘 다 가정을 더욱 소중히 하는 모습이네요."

"자, 심호흡을 하면서 지금의 체험을 더 깊이 느껴보도록 하죠."

그러자 은정 씨는 숨을 크게 들이마시고 내쉬었다.

"지금의 체험을 충분히 느끼셨다면 그 체험의 느낌을 나타내는 몸짓과 한 마디 말로 표현해보세요."

"그러죠. 음…."

두 손을 가슴 앞에 포개어 댄 포즈를 취한 은정 씨는 또렷한 목소리와 화사하게 웃는 얼굴로 외쳤다.

"행복해!"

"좋아요. 그러면 몇 번 더 그 포즈와 외침을 반복해봄으로써 은정 씨 마음에 더 큰 자극 심기를 해보도록 하죠."

"행복해! 행복해! 행복해!"라고 반복하여 외치는 은정 씨는 정말로 행복을 소중히 끌어안고 있는 것처럼 보였다."

은정 씨는 온몸으로 행복을 느끼고는 잠시 후 눈을 떴다.

"자, 해보니까 어때요?"

"실제로 몸을 움직여서 걸어보니 생각이 자연스럽게 미래로 향하게 되었습니다. 그래서 그전까지 제 머릿속을 복잡하게 만들던 일이 별로 대단치 않게 느껴졌습니다. 3년 후의 일을 생각하니 자연히 그이가 옆에 있는 것처럼 느껴져서 '역시 이 사람이야'라는 생각이 들었습니다. 게다가 완전히 잊고 있던 대학교 합격 장면이나 캐나다 여행 때의 추억이 떠올라서 마음이 그때처럼 가벼워진 것 같아요. 제가 그동안 해왔던 노력이나 미래를 향한 계획, 모두 미래를 위한 저의 자원으로 느껴졌습니다. 앞으로 일에 대해 막연히 고민만 하기보다는 자신감 있게 부딪쳐 볼 수 있을 것도 같고요. 이번 체험이 저에게 많은 도움이 되었어요."

"그래요. 그거 정말 멋지군요. 이것은 '시간선'이라는 기법이지요. 내가 도중에 은정 씨의 어깨 근처에 손을 대어 누른 것이라든지 마지막에 특정한 포즈를 취하게 하고 한 마디 외치게 한 것은 '자극 심기'라는 기법이에요."

"자극 심기라뇨?"

"그래요. 시간선은 아까 말씀드렸던 대로 시간선을 걸으면서 자기의 비전을 그려가는 기법이지요. 그리고 그 과정에서 사용한 기법이 자극 심기고요. 자극 심기에 대해서는 지금부터 설명할게요."

자극 심기란? 자극 심기(anchoring)란 그 이름에서 알 수 있듯이 anchor(닻)가 어원이다. 닻은 바다의 일정한 장소에 배를 정박시킬 때 사용한다. 이처럼 자신 충실한 자원감을 느꼈던 체험을 언제라도 다시 불러일으킬 수 있도록 어떤 일정한 감각(시각, 청각, 체각)이나 포즈, 한 마디 말 등의 자극으로 심어두어 필요할 때마다 발동할 수 있도록 하는 기법이다. 과거의 성공 체험이나 즐거웠던 체험, 기뻤던 체험 등을 자신의 몸 일부분에 자극 심기로 기억시켜 둔다. 예를 들어 불안에 빠지게 되었을 때나 자신감을 잃었을 때에 과거에 충만한 자원감을 느꼈을 때와 같은 자극을 줌으로써 충실한 자원감을 느꼈던 때가 다시 떠올라 불안감이 사라지거나 자신감이 솟아나도록 하는 것이다.

"정말 그렇군요. 가슴 앞에 두 손을 포개어 댄 포즈를 취하고 '행복해!'라는 말을 외치기만 하면 언제라도 이 감각이 다시 살아나겠군요. 그리고 아웃컴을 실현한다고 할 때, 눈앞의 현실만 보는 것이 아니라 3년 후라는 넓은 시야로 봄으로써 목표를 위해 제가 어떤 일부터 해야 할지가 분명해지는 느낌이에요. 복잡했던 머리가 맑아지는 것 같네요."

자아정체성을 알면
흔들림 없는 사람이 된다

"그런데 은정 씨, 은정 씨가 이제 아웃컴을 실현한 3년 후에는 어디에서, 무엇을 하고, 어떤 능력을 발휘하고 있을까요? 아까처럼 현재형으로 말해보세요."

"직장에서는 기획 업무와 팀 리더 역할을 하고 있습니다. 제 커뮤니케이션 능력과 기획력을 살려서 맡은 임무를 잘 수행하고 있어요. 여성 특유의 섬세함도 잘 살리고 있고요. 가정에서는 집안일을 하면서 가족끼리 서로 신뢰하고 사랑하면서 화목하게 살고 있어요."

"역시 그럴 줄 알았어요. 자, 그러면 그 시점에서 은정 씨가 소중히 하는 것은 무엇인가요?"

"제가 소중하게 생각하는 것이라면…하루하루를 즐겁게 사는 것, 그리고 주변 사람들의 이야기를 잘 경청해서 좋은 관계를 유지하는 것이요."

"하루하루를 즐겁게 사는 것, 그리고 주변 사람들과 좋은 관계를 유지하는 것이군요. 그러면 은정 씨는 어떤 사람인가요? 무엇을 하는 사람인가요?"

"나는 어떤 사람이라뇨?"

"그래요. 일도 집안일도 함께 해나가며 하루하루를 즐겁게 사는 은정 씨. 궁극적으로는 어떤 사람일까요?"

"음…, 주변 사람들에게 웃음을 선물하는 사람? 그런 이미지라고 생각하는데요."

"주변 사람들에게 웃음을 선물하는 사람! 아주 멋지군요. 그리고?"

"다른 이들로부터 신뢰받는 사람."

"다른 이들에게 신뢰를 주는 사람이네요. 지금 은정 씨가 말하는 것이 은정 씨의 자아정체성인 거예요."

"자아정체성이요?"

"그래요, 자아정체성. 사람의 의식을 6단계로 나눈 것을 인간의 의식차원(neurological levels)이라고 하지요. 이 모델의 6가지 의식차원 중에서 상위 차원의 하나가 자아정체성인데 '자기 인식'이라고도 하죠. 이 6가지 차원의 의식이 어느 한두 가지에 고착되지 않고 서로 일관성 있게 통합되어 있어야 바람직한 모습의 사람이 되는 거예요."

"음…, 좀 이해하기 어렵네요."

"이해하기 어려운가요? 그렇게 어려운 것만은 아니에요. 그렇지만 오늘은 여러 가지 많은 정보를 받아들인 셈이어서 인간의 의식차원에 대해서는 나중에 자세히 얘기하도록 하죠. 자, 그러면 오늘 이곳에 오기 전과 지금과는 어떤 차이가 있지요?"

"제 앞에 길이 활짝 열려 있는 느낌이에요. 어떻게 하면 좋을지 모르겠다고 생각하고 있던 것이 지금은 얼떨떨한 기분이 들 정도로 좋아졌어요. 내 미래는 내가 만든다! 그런 의지가 솟구쳐 올라와요. 남자 친구에게도 제 생각이나 소중히 여기고 있는 것을 전해서 함께 미래를 만들어 가자고 솔직하게 이야기해 보겠어요."

"꼭 그렇게 해 보세요. 그리고 어떻게 되었는지 얘기해 주실 거죠?"

"예, 고맙습니다. 선생님과 말씀을 나눌 수 있어서 정말 좋았어요. 결과는 나중에 말씀드릴게요."

강의 노트 | 의식차원을 통합하면 설득력을 높일 수 있다

인간의 의식차원은 NLP 유니버시티(NLP University)의 로버트 딜츠가 고안한 인간의 의식세계에 관한 모델이다. 이 모델은 인간의 의식을 환경(where, when), 행동(what), 능력(how), 신념·가치관(why), 자아정체성(who), 영성(for whom, for what)이라는 6가지 차원으로 나눈다. 환경(environment)은 '언제, 어디서'에 관한 의식차원이고 행동(behavior)은 '무엇을 한(했)다' '무엇을 못한(했)다'에 관한 의식차원이며 능력(capability)은 '어떻게 하는가?'에 중점을 두는 의식차원이다.

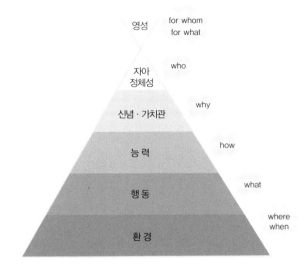

영성   for whom / for what

자아 정체성   who

신념·가치관   why

능력   how

행동   what

환경   where / when

▲인간의 의식차원. 인간은 이 6차원의 의식차원을 통합해야 유연하면서도 강한 의식을 가질 수 있다.

　'신념·가치관(Belief·Values)'은 스스로 '왜?'라는 물음에 명확한 답을 할 수 있는 의식차원이다. 예를 들어 어른을 공경하는 행동을 했을 경우 왜 그렇게 하느냐고 누가 묻는다면, '장유유서'의 가치관을 존중하다보니 자연히 '어른은 존경해야 한다'는 신념을 갖게 되어서 그랬다고 대답하게 될 것이다. 이처럼 자기로서는 그렇다고 생각하는 것, 맹목적인 믿음도 이 영역에 해당된다. 어렸을 때 부모님으로부터 들었던 '여자가 오지랖이 넓으면 안 된다'는 가르침, 혹은 여러 가지 일을 동시에 진행하다 실패한 경험에서 배운 '두 마리 토끼를 쫓다가는 한 마리도 못 잡는다'라는 교훈도 이 범주에 포함된다. 인간은 누구나 이와 같이 자기 스스로 옳다고 여기는 생각, 즉 자기의 신념·가치관에 따라 말하고 행동한다.

'자아정체성(Identity)'은 '나는 누구인가?', '내 역할은 무엇인가?'라는 물음에 답하는 의식차원을 말한다. 가족 내 위치 설정이라든가 직무 관련 역할 같은 것도 여기에 해당되고 '아내', '어머니'나 '과장' 같은 것도 자아정체성이다. 또 자기 자신에 대한 호칭을 규정하는 것도 이 영역이다. 다시 말해 '나는 쓸모없는 인간이다'라고 생각하는 것도 자아정체성에 해당된다.

'영성(Spirituality)'은 자기만이 아니라 사회나 자연 등 한층 광범위한 요소와 연결된 의식으로 자기가 살아가는 의미나 사명을 느끼는 것과 같은 영역이다.

이 중 어느 영역이 더 중요한가와 같이 서로의 우열을 가릴 수는 없지만 상위 차원은 하위 차원에 영향을 끼치므로 자아정체성이나 신념·가치관 차원에서 변화가 일어나면 발휘하는 능력이나 행동은 물론, 만들어내는 환경도 변화를 일으키게 된다. 예를 들어 신념·가치관 차원에서 벌써 '중요한 때에 망쳐버린다'라는 생각을 가지고 있는 사람은 그 사람이 생각하는 '중요한 때'가 되면 실패할 환경을 만들거나 실패한 만한 행동을 해버려 능력 발휘가 제대로 되지 않게 된다. 이러한 생각을 '중요한 때야말로 반드시 성공한다'라는 신념으로 바꾸게 되면 중요한 때에 필요한 능력을 발휘할 수 있을 것이다.

NLP는 자아정체성이나 신념·가치관 차원에 접근하거나 확인하고 묻는 기법이 다양하게 발달되어 있다. 이러한 기법들은 특히 개별 상담을 하는 데 유용하게 활용되고 있다.

물론 환경이나 행동 차원을 바꿈으로써 신념·가치관과 자아정체성에 변화를 줄 수도 있다. 예를 들어 지금까지 좁은 집에 살고 있던 사람이 정원도 있는 넓은 저택에서 살게 되었다면 '나는 대단한 사람이 아니야. 그저 그런 사람이지'라는 생각이 '나는 멋진 환경의 주인공이 될 수 있는 능력이 있어'라는 신념으로 바뀔 것이다.

의식차원이 통합되었을 때, 즉 자기의 자아정체성이나 신념·가치관 차원과 행동이 일치되었을 때 사고나 행동이 일치되어 설득력 있는 사람이 된다. 또 일관성 있는 행동을 할 수 있게 돼 사람들로부터 남다른 신뢰도 얻을 수 있게 된다.

일과 사랑 모두 성공!
빛나는 미래를 향해 나아간다　　　　"선생님, 오늘은 좋은 소식을 전해 드릴 게 있어 찾아뵈었습니다."

"호호, 은정 씨. 매우 들뜬 목소리네요. 좋은 소식이라고요?"

"네, 선생님도 기뻐하실 거예요. 우선 첫 번째는 여성 전용 여행 기획팀이 정식으로 발족되었습니다!"

"잘됐군요! 은정 씨가 줄곧 꿈꾸어왔던 거잖아요."

"네, 앞으로 얼마 동안은 지금 하고 있는 일과 함께 해야 하지만 좋은 성과를 거두게 되면 더욱 큰 팀을 편성해도 된다고 강 부장님이 말씀해 주셨어요. 처음에는 대하기 거북했던 분이었는데 선생님이 가르쳐 주신 대로 시각 이미지가 연상되기 쉬운 말을 사용한다든지 강 부장님의 말을 주의 깊게 듣도록 노력했더니 의외로 간단하게 강 부장님을 설득할 수 있게 되더군요. 지금은 그분이 제 최고의 후원자예요. 우선은 다음 달 초에 출발하는 여성 전용 여행을 처음으로 기획하여 모집하고 있는데 굉장히 큰 반향을 불러일으키고 있어 좋은 반응이 예상돼요."

"굉장하군요."

"웃는 얼굴을 선물하는 사람! 이것이 저에게 매우 잘 어울리게 다가온 느낌이에요. 점점 일이 재미있어지는 것 같아요."

같이 웃으며 엄지손가락을 세워 공감했다는 표시를 해주었다.

"그리고 두 번째, 결혼하기로 했어요."

"야아, 축하해요! 정말 잘했어요. 지금 은정 씨의 모습을 보니 남자 친구와 얘기가 잘되었군요."

"네, 남자 친구에게 제 기분을 진지하게 얘기했더니 예상했던 것보다 기쁘게 들어주어서 아기에 대한 이야기까지 할 수 있었어요. 그이는 함께 행복한 가정을 꾸미자는 말도 해주었어요. 결혼식은 연말이나 내년 초에 일찍 올리기로 예정해 놓았어요. 식을 해외에서 올릴까, 신혼여행을 해외로 갈까에 대해 고민하면서 저희 신혼여행을 제가 기획하고 있는 중이에요."

"신혼여행을 기획 중이라니, 과연 은정 씨군요. 직장 생활도, 가정생활도 탄탄해져 가는 미래의 모습이 눈에 선하네요."

"네, 여기까지 이렇게 잘해온 것도 모두 선생님과 NLP가 저를 지원해 주신 덕분이에요. 앞으로도 잘 부탁드려요."

앞으로도 은정 씨는 계속해서 성장할 것이다. 물론, 일과 사랑이라는 두 마리 토끼를 잡기 위해 매일 최선을 다하는 은정 씨에게는 앞으로도 많은 문제나 걱정거리가 생겨나겠지만 문제에 부딪히더라도 나와 함께 배운 NLP를 바탕으로 잘 이겨내리라 믿는다. 단념하지 않고 자기를 믿고 꾸준히 나아간다면 한층 많은 아웃컴을 실현할 수 있을 것이다.

내가 이 책에서 말하고 있는 은정 씨는 어쩌면 이 책을 읽고 있는 당신인지도 모른다. 일과 사랑, 두 가지 모두 성공하기 위해서 오늘도 고군분투하고 있는 당신을 나는 힘을 다해 응원하고 언제라도 지원할 것이다.

Self Check
자기점검 _

꿈을 이루게 하는 시간선

바닥에 시간선을 그린다. 3장의
종이에 각각 과거, 현재, 미래라고 써서
시간선을 따라 나란히 바닥에 놓아두면
자기의 위치를 가늠하는 기준으로
삼을 수 있다.

1. 시간선의 방향과 흐름을 정한다.
과거 – 현재 – 미래

2. 아웃컴을 설정하고 말로 표현해본다.
– 아웃컴은 무엇인가?
– 언제까지 실현하고 싶은가?
※ 아웃컴은 가능한 한 구체적으로
표현해야 하고 기한도 정해야 한다.

3. 다음 3가지 질문에
예, 아니오로 대답한다.
– 나는 아웃컴을 실현할 수 있나?
– 나는 아웃컴을 실현할 능력을 가지고 있는가?
– 나는 아웃컴을 실현하는 데
어울리는 사람인가?

※ 대답이 모두 '예'라고 나오는 것을
확인한다. 하나라도 '아니오'가 나오면
이루어질 가능성이 적으므로 중단한다.
계속하려면 다른 아웃컴을 정하여
처음부터 새로 시작한다.

4. 시간선상에 있는 현재의 위치에 선다.
– 그리고 미래를 향하여 다시 한 번
아웃컴을 언어화한다.

5. 미래를 향하여 2, 3보 나아간
지점에서 일단 멈추어 선다.
– 그 상태에서 다음의 질문에 대답한다.
– 여기는 어디죠? 누구와 같이 있나요?
무엇을 하고 있죠? 무엇이 들리나요?
몸의 느낌은 어떨지요? 어떤 상태인가요?
뭔가 불안한 점이 있나요?

6. 이제는 아웃컴이 완전히 실현된
미래의 지점까지 나아간다.
– 이루어진 모습을 말로 표현한다.
※ 아웃컴이 점차 이루어지고 있는
모습을 현재형으로 언어화한다. 불안한
부분이 있다면 그것도 말한다.

7. 방향을 바꾸지 않고 뒷걸음
으로 천천히 현재의 지점까지 돌아온다.
거기서 다시 과거의 방향으로 진행하여
충실한 자원감을 느꼈던 체험을 3가지 찾아낸다.
※ 예) 원했던 학교에 입학했던 일, 바라던
자격을 획득했던 일, 경기에서 우승한 일,
어렸을 때 부모님으로부터
칭찬받았던 일 등

8. 과거로 진행하면서 첫 번째
떠오른 충실한 자원감의 체험의
지점에서 멈추어 선다.
– 어떤 체험인지? 언제 어디서의 일인지?
※ 그 일을 다시 체험하면서 마치 눈앞에서
벌어지고 있는 것처럼 말로 표현한다.
충실한 자원감을 확실하게 자신에게
자극 심기한다. 기한도 정해야 한다.

9. 또다시 과거로 진행하여 2번째,
3번째의 충실한 자원감을 느꼈던
체험을 찾아낸다.
8, 9번의 요령대로 각각의 체험을
자극 심기한다.

10. 3가지 충실한 자원감을 느꼈던 체험을 다시 한 번 체험하며 자극 심기로 통합하면서 현재의 지점으로 돌아온다.

11. 3가지 충실한 자원감이 통합된 느낌을 가진 채로 한 번 더 미래를 향하여 나아간다. 2, 3보 나아간 지점에서 일단 멈추어 선다. 그 도중의 경과가 어떤 상태인지 말로 표현한다.

아웃컴을 실현한 미래의 지점까지 더 나아가, 아웃컴이 이루어진 상태를 충분히 느껴본다. 어떤 체험인가요? 심호흡을 하며 그 체험을 충분히 음미한다. 아웃컴이 실현된 상태를 포즈와 짧은 말로 외치며 스스로에게 자극 심기한다(은정 씨가 "행복해!"라고 외쳤던 것처럼).

※ 과거에 충실한 자원감을 느꼈던 체험과 미래에 아웃컴을 실현했을 때의 체험을 함께 자극 심기한다.

대학 합격 · 과거

로키산맥 여행

일하면서 행복했던 일

현재

화목한 결혼 생활 · 미래

※ 은정 씨의 시간선
3년 후에 되고 싶은 모습을 향해 걸어간다

● 이 기법은 당면한 미래의 아웃컴을 설정할 때 효과적이다. 2년 후에서 3년 후 어떤 모습이나 상황이 바람직한 상태인가? 머릿속으로만 그려보지 말고 실제로 시간선을 만들고 걸어보는 것이 좋다. 그렇게 함으로써 당면한 아웃컴의 분명한 이미지를 떠올려 볼 수 있다. 마찬가지로 과거에 충실한 자원감을 느꼈을 때를 체험할 때도 직접 시간선을 걸어보는 것이 좋다.

여기서 체험한 자극 심기는 프레젠테이션 직전에 긴장했을 때나 의기소침해졌을 때 등 여러 가지 상황에 활용할 수 있다. 과거의 충실한 자원감을 느껴봄으로써 미래의 바람직한 상태도 바로 체감할 수 있기 때문이다. 극도로 긴장해서 실력 발휘를 못할 것 같은 순간이 온다면 과거에 가장 행복했던 때를 떠올려 보라!

자, 당신이 정말로, 정말로 이루고 싶은 것은 무엇인가요?

이 질문에 당신의 머릿속에서 어떤 이미지가 떠오르는가요?

처음으로 NLP를 만났을 때, 저는 주부로서 가정을 꾸리고 있었습니다. 제가 젊었을 때에는 여성이 일하는 시대는 아니었습니다. 대학을 졸업하고 나서 바로 결혼을 하여 가정을 이루고 아무 생각 없이 남편 뒷바라지를 하면서 두 아이를 키우다가 정신을 차려보니 벌써 40대가 되어 있었습니다. 남편의 일 때문에 해외에 나가 생활할 때에 우연히 지인의 권유를 받아 참가한 NLP 세미나에서 어느 트레이너로부터 한 가지 질문을 받았습니다.

"당신이 정말로 원하는 것은 무엇인가요?"

나는 주저 없이 대답했습니다.

"남편이 건강하게 지내는 것", "아이들이 행복하게 사는 것."

그러자 트레이너는 반복해서 물었습니다.

"당신이 정말로 이루고 싶은 성과는 무엇이죠?"

마치 선문답하는 듯한 기분도 들었지만 아무리 대답해도 트레이너는 "그건 남편이나 아이들의 것이지요. 당신 자신의 아웃컴은 무엇인가요?"라고 되물으며 좀처럼 제 대답을 받아들여주지 않았습니다. 그때 저는 제가 정말로, 정말로 하고 싶은 일이 무엇인지 몰라서 당황했던 기억이 있습니다.

그런 놀라움으로 시작한 세미나는 제게는 감동의 연속이었습니다. 마침내 'NLP를 여러 사람들에게 알리고 싶다. NLP를 널리 보급하자'라는 강력한 아웃컴이 저를 충동했습니다. 그래서 47세가 되었을 때, 새로운 인생이 시작되었습니다. 지금은 수천 명의 수료생을 자랑하는 일본NLP연구소의 대표로서 NLP를 보급하기 위하여 하루하루를 바쁘게 지내고 있습니다. 그리고 기쁘게도 지금은 'NLP로 인생이 즐겁게 되었다'라고 말하는 사람들이 확실히 늘어가고 있다는 것입니다.

최근 발생하는 사회 문제들의 대부분은 잘못된 커뮤니케이션이나 명확한 커뮤니케이션 부족 현상에서 발생하고 있습니다.

사람은 세 살이 되면 이미 어렴풋이 "사회에 도움이 되고 싶다"라는 희망을 꿈꾸기 시작한다고 합니다. 그리고 그 아웃컴을 충족시킨다든지 책임을 다하기 위하여 살아갑니다. 이러한 생각을 헛되이 하지 않도록 하기 위해서도 가까운 가족이나 파트너, 친구나 일을 통한 인간관계를 '상대방의 의욕을 이끌어내는 커뮤니케이션'으로 채워보지 않으시려는지요?

NLP 기법은 그런 커다란 차이를 만들어내는 소중한 도구입니다. 단지 혼자서 세계를 바꾸려는 것은 어려운 일인지도 모릅니다. 그렇다고 하더라도 단 한 사람이라도 함께하는 상대방과의 관계에서 좋은 변화를 일으킬 수는 있습니다. 예를 들어 작은 변화라고 할지라도 그것이 주위 사람들에게 차례차례 전파되어 나간다면 마침내 파문처럼 퍼져나가 사회 전체에 긍정적인 물결을 일으킬 수 있을지도 모릅니다. 그래서 언젠가는 세계 차원에도 커다란 차이를 만들어낼 수 있을 것이라고 믿습니다.

마지막으로 한 말씀드리자면, NLP 세미나와 저를 뒷받침해주는 연구소의 스태프들, 제게 용기를 불러일으켜주고 성장시켜주는 수료생 여러분, 그리고 NLP를 활용하여 사회에 공헌하는 여러분들에게 마음으로부터 감사드립니다.

호리이 케이 일본NLP연구소 대표

http://www.nlpij.co.jp

2000년 여름, 저는 NLP를 본격적으로 배우기 위해 호리이 케이(堀井 惠) 선생님이 주최하는 NLP 세미나에 참석했습니다. 그때 제 나이 40대 후반이었습니다. 케이 선생님과 저는 몇 가지 공통점이 있었습니다. 예컨대 케이 선생님이 처음 NLP를 배운 시기도 저와 같은 40대 후반의 같은 나이였고 첫 아웃컴을 NLP 트레이너가 되는 것으로 정한 것도 같았습니다. 아울러 제 이름에는 '가르칠 教' 자가 들어있는데 케이 선생님의 본명에도 같은 '가르칠 教' 자가 들어있다고 합니다. 이러한 공통점 때문에 저는 케이 선생님과 범상치 않은 인연임을 느낄 수 있었습니다. 그래서 저는 그동안 알게 모르게 케이 선생님을 '본받기(modeling)' 해오지 않았나 싶습니다. 물론 저와 케이 선생님의 아웃컴은 보시는 바와 같이 그대로 현실로 이루어졌습니다.

돌이켜 보면 저는 지금까지 10년 이상 NLP를 연구하고 사람들에게 보급했고 또 저 스스로 활용해왔습니다. 처음에는 중병에서 회복한 저 자신을 추스르고 변화된 환경에 적응하기 위한 도구로 활용했습니다만 점차 명확한 아웃컴 없이 살아오면서 제가 겪었던 일견 실패와 좌절을 다른 사람이 겪지 않게 해야겠다는 생각이 들었습니다. 그래서 우리나라 젊은이들이 누구나 나름대로의 명확한 아웃컴을 가지고 의미 있는 인생을 살도록 이끌고자 힘써왔습니다. 이런 경험을 토대로 코칭은 각자의 아웃컴을 이끌어내고 그것을 이룰 수 있도록 지원하는 구체적인 방법이라는 실감을 느끼고 있습니다. 최근 사회 전반에 코칭이 확산되고 있는 것도 코칭의 이러한 효용성을 반영하는 것이라고 생각합니다.

저는 코칭의 개념에 가장 어울리는 것이 바로 NLP라고 생각합니다. 어쩌면 NLP의 기본 개념, 사고방식, 전제 등 기반을 이루고 있는 것뿐만 아니라 갖가지 기법들이 모두 코칭에 적합한 도구라고 여겨지기 때문입니다. 그래서 '코칭의 방법론이 NLP이고, NLP가 바로 코칭의 최적 도구'라고 확신합니다.

이 책을 보아도 저자는 한 여성의 직장 문제에서 개인 문제에 이르기까지 삶의 고비마다 NLP 개념과 사고방식, 전제, 기법을 활용하여 바람직한 방향으로 이끌어주고 있습니다. 물론 저술이라는 형식 때문에 의도적으로 에피소드가 구성되고 배치된 점은 인정해야겠지만 NLP 혹은 NLP 코칭의 힘은 실제로도 이와 같다고 장담할 수 있습니다. 저 자신이 경험해 온 기업 경영자 코칭이나 간부 혹은 일반 직장인, 주부, 학생, 나아가서 비행 청소년들에 대한 코칭 사례를 돌아보면 그 효과가 탁월함을 인정하지 않을 수 없기 때문입니다.

물론 그 탁월함이란 저의 NLP나 NLP 코칭 솜씨에 대한 것이 아닙니다. 이 책의 저자인 케이 선생님도 본문 중에서 여러 번 언급하고 있는 것처럼 좋은 효과를 만든 근본적인 원인은 모두 NLP를 경험하고 받아들인 클라이언트들에게 있습니다. 저와 같은 코치에게 다행이라면, 또는 기쁨이라면 오직 그러한 클라이언트들을 만났다는 것입니다. 혹은 관점을 조금 달리해서 말하면 NLP나 NLP 코칭 자체가 가지고 있는 효과가 그만큼 큰 것이겠지요. 이 책을 다 읽으신 독자 여러분도 이 점에 공감하시는지요?

이러한 점은 NLP를 개발한 리차드 밴들러 박사와 존 그린더 교수의 개발 초창기의 체험을 통해서도 확인할 수 있습니다. 즉, 그들은 당시 저명한 심리 테라피스트 세 명이 각각 사용하는 방식에 대해 잘 몰랐으면서도 그들의 방법을 따라해 보았더니 역시 훌륭한 성과를 얻을 수 있었습니다. 여기에 흥미를 느껴 그 세 명의 커뮤니케이션 방식에 대해 더욱 깊이 탐구하고 분석해서 공통 요소를 종합하고 체계화한 것이 바로 NLP입니다. NLP는 그만큼 강력한 커뮤니케이션 파워를 기본적으로 가지고 있는 것입니다.

그러므로 NLP 혹은 NLP 코칭은 전문가만이 할 수 있는 것은 아닙니다. 누구나 기본적인 내용만 배우면 자기 자신에게 혹은 주위 분들에게 도움을 줄 수 있습니다. 말하자면 아마추어라도 잘만 활용하면 전문가 못지않은 효과를 얻을 수 있다는 것입니다.

NLP의 각 기법은 무엇보다 혼자서도 할 수 있다는 장점이 있습니다. NLP를 통해 인생의 여러 문제를 스스로 풀어보지 않으시려는지요?

그동안 케이 선생님의 책을 두 권이나 번역하게 되었습니다. 그것도 모두 한언을 통해서입니다. 좋은 기회를 주신 김철종 사장님과 편집진에게 감사의 인사를 드립니다. 그리고 먼저 나온『NLP 행복 코드로 세팅하라!』를 국내에서 출판된 가장 이해하기 쉬운 NLP 책으로 인정해주시고 NLP 공부의 텍스트로 삼아온 많은 NLP 스터디 그룹의 관계자 여러분과 독자에게도 감사의 말씀을 전합니다.

아울러 특별히 올해 고희를 맞으시는 케이 선생님의 잔칫상에 이 한글판을 선물할 수 있게 되어 기쁘게 생각하며 축하드립니다. 앞으로도 더욱 큰 발걸음으로 스승으로서, 현자로서 도움을 기다리는 사람들에게 따뜻한 손을 내밀어주실 것으로 믿습니다.

끝으로 한국NLP연구소에서 함께 아웃컴을 그리며 꿈을 나누었던 수많은 NLPer(NLP를 삶에 활용하고 있는 사람) 여러분과 독자 여러분에게도 행운이 가득하길 빕니다.

심교준
한국NLP연구소 대표 트레이너

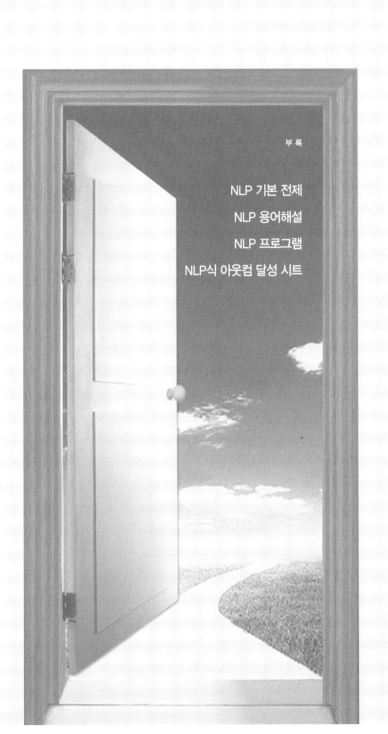

NLP 기본 전제 _

NLP에는 많은 전제가 있다. 여기에서는 필자가 NLP를 가르칠 때에 특히 중요하게 다루는 두 가지 전제와 함께 NLP전제 중에서 가려 뽑은 9가지 전제를 소개한다.

인간에 대한 존엄성을 소중히 한다.
The dignity characteristic for the human being is made important.

－사람은 최고의 삶을 누리기 위하여 태어났다. 사람은 자신에게 필요한 리소스를 모두 가지고 태어났다.
  People already have the resources they need for their Excellent Lives.

－나누어라! 어떠한 일이라도 적당한 크기로 나눠서 하면 해낼 수 있다.
  Chunking! Anything is possible by chunking down to appropriate sizes.

－모든 인간 행동의 이면에는 반드시 긍정적인 의도가 있다.
  Behind every behavior is a positive intent.

－누군가 했던 일은 본받기를 통하여 나도 할 수 있다.
  Anyone can do anything by modeling others.

－ 사람은 언제나 자신에게 유용한 최선의 선택을 한다.
  People always make the best choice available to them at all time.

－ 실패란 없다. 단지 피드백(배움, 교훈)이 있을 뿐이다.
  There is no such thing as failure, only feedback.

– 사람은 자신이 그린 현실이라는 지도에 반응하는 것이지, 현실 그 자체에 반응하는 것은 아니다.

People respond to their map of reality, not to reality itself.

커뮤니케이션이란 상대방의 의욕을 이끌어내는 것이다.

Communication is motivating others.

–커뮤니케이션은 언제나 일어나고 있다(커뮤니케이션은 말로만 이루어지는 것이 아니다).

Communication is redundant.

– 당신이 하는 커뮤니케이션의 의미는 상대방의 반응으로 알 수 있다.

The meaning of your communication is the response that you get.

NLP 용어 해설(가나다순)_

● **관계성 rapport** 상대방의 존재를 인정하는 데서 생겨나는 의식 상태. 긍정적인 측면도 있고 부정적인 측면도 있다. 그러나 인간관계에서는 주로 신뢰감, 호감, 친밀감 등과 같은 긍정적인 관계성의 형성이 요구된다. NLP에서 '관계성을 형성한다' 라고 할 때는 긍정적인 관계성을 형성하는 것에 초점을 맞춘다.

● **긍정적 의도 positive intention** 어떤 행동을 했을 때 표면적으로는 나타나지 않지만 무의식적으로 충족되는 것. 이는 긍정적인 행동만이 아니라 용서할 수 없는 부정적인 행동이나 나쁘다고 지탄받는 행동에서도 반드시 찾을 수 있다.

● **기성화 체험 사고 as if frame** '이루어졌다고 치고', '만일 실현되었다면' 하는 사고 방식으로 미래나 아웃컴으로 의식을 이끄는 기법

● **대표체계 preferred representation system** NLP는 감각을 다룰 때 인간의 오감을 각각 다루기보다는 '시각 (V : visual)', '청각 (A : auditory)', '체각 (K : kinesthetic) (여기에는 촉각, 후각, 미각이 포함됨)', 3가지로만 나누어 활용한다. 대표체계란 그 가운데 무의식중에 자주 활용하는 감각을 말한다.

● **문제해결 코칭 기법 problem focused coaching method** 문제를 명확하게 하기 위한 질문을 하여 서로 얽혀있는 문제를 구별하게 하거나 대상자에게 문제의 원인을 성찰하게 함으로써 해결을 위한 행동으로 나아갈 의욕을 일으킨다든지 해결 가능성을 발견하도록 이끄는 기법

●**시간선 timeline** 사람마다 무의식중에 가지고 있는 시간의 흐름과 방향에 대한 선형 감각. 이를 활용하여 자신의 시간선을 걸으면서 아웃컴을 그려보고 실현하도록 하는 기법

●**시선 식별 단서 eye accessing cues** 눈동자의 움직임으로 그 사람의 의식이 어떻게 움직이고 있는지를 알아내는 기법

●**신경 언어 프로그래밍 NLP Neuro-Linguistic Programming** 1970년대 미국에서 리차드 밴들러와 존 그린더이 창시한 커뮤니케이션에 관한 학문. 그 이론을 체계화하고 실용적으로 재구성하여 목표 달성, 문제 해결에 매우 효과적이라고 인정받고 있다.

●**신념·가치관 Belief·Values** '중요시하는 것', '소중히 여기는 것' 혹은 '믿고 있는 것'이나 '맹신하는 것'을 말한다. 많은 경우 이것이 사람의 의사 결정이나 선택의 기준이 되고 행동을 좌우한다.

●**아웃컴 outcome** 꿈이 이루어졌을 때 결과적으로 이루어지는 것. 목적, 목표, 바람직한 상태, 성과, 비전, 꿈, 골(goal) 등과 같은 의미

●**아웃컴 모형 outcome model** 아웃컴, 현상, 실현을 가로막는 것(주저하게 하는 것, 방해하는 것, 문제, 골칫거리, 과제 등)에 대한 상태를 모형화하여 그림으로 표현한 것

●**의식차원 neurological levels** 인간의 의식차원. NLP 유니버시티(NLP University)의 로버트 딜츠가 고안한 6가지 차원의 의식 모형. 맨 아래쪽부터 환경(Environment:where, when), 행동(Behavior:what), 능력(Capability:how), 신념·가치관(Belief·Values:why), 자아정체성(Identity:who), 영성(Spirituality:for whom, for what)이라는 6가지 차원으로 나뉜다.

● **자극 심기 anchoring** 좋았던 체험을 어느 일정한 감각이나 포즈, 짧은 말 등의 자극체로 뇌리에 심어두고 필요할 때마다 같은 자극에 의해 좋았던 체험을 다시 느끼게 하는 기법

● **자원 resource** 자기의 아웃컴 실현을 지원하는 모든 것을 말한다. 경제적인 자원뿐만 아니라 건강 및 심리 상태, 지금까지의 모든 경험이나 체험, 인간관계, 친교 범위나 가족 등 자신을 구성하는 모든 것이 자원이 될 수 있다.

● **지각위상 변환 position change** 3가지 지각위상(나, 상대방, 선의의 제삼자)을 실제로 몸을 이동하며 체험하는 기법

● **제1의 지각위상 1st. position** 나의 입장. 내 눈으로 보고, 내 귀로 듣고, 내 몸으로 느끼는 대로 받아들이는 의식 상태

● **제2의 지각위상 2nd position** 상대방의 입장. 실제로 상대방의 의식 상태가 되어 외부 정보나 내적 상태를 어떻게 보고, 듣고, 느끼는지를 체험으로 지각하는 위상

● **제3의 지각위상 3rd position** 전혀 이해관계가 없는 선의의 제삼자의 입장. 감정 개입 없이 객관적, 중립적으로 각 당사자를 대하는 의식 상태.

● **충실한 자원감 resourceful** 자원이 충분히 가득 차 있는 느낌

● **8단계 목표설정 8 frame outcome** 아웃컴을 명확하게 하기 위한 8가지 질문 방식. 이 8가지 측면에서 아웃컴을 생각하는 질문을 하여 아웃컴을 보다 구체적으로 묘사하게 할 수 있고, 나아가 자기 확신으로 이끌 수 있다. NLP에는 많은 전문 용어들이 있지만 여기에는 본문에서 언급된 것만을 수록했다.

한국NLP연구소
여성들을 위한 NLP 프로그램 소개

⊙ NLP CAT(CAreer women Training) 코스
  – 8시간 코스 : CAT 직녀성(職女成–직장여성 성장) 코스
  – 16시간 코스 : CAT 여행장(女幸創–여성행복 성장) 코스

• 직장과 개인 생활을 양립시키려는 직장 여성을 위한 NLP 기반의 자기 성장 코스
• 직장에서의 인간관계, 트러블을 슬기롭게 해결할 수 있는 구체적 NLP 기법 습득
• 일상생활의 갈등이나 혼란에 지혜롭게 대처할 수 있는 실천적 NLP 기법 체득
• 개인의 아웃컴과 직장에서의 비전을 통합하여 삶의 활력과 대응력 제고

CAT elementary 직녀성(職女成, 직장여성 성장) 코스	CAT secondary 여행장(女幸創, 여성행복 성장) 코스
커뮤니케이션 기법 Ⅰ – 관계성 형성 – 대표체계, 근본 사고방식 식별	**NLP의 개요** – NLP의 전제 – NLP의 내용
입장 바꾸기 – 지각위상, 본받기 – 긍정적 의도	**커뮤니케이션 기법 Ⅱ** – Yes, And 화법 – 내적 갈등 통합
아웃컴 설정 – 8단계 목표 설정 – 시간선	**NLP코칭 화법** – 구체화 질문 모형 – 해결 지향 질문
의식 차원 – 문제 식별, 신념 · 가치관 – 궁극적 아웃컴	**리소스 개발** – 멘토의 메시지 – 자기 내부로부터의 메시지
8시간	16시간 (직녀성 8시간 포함)

한국NLP연구소 www.nlpkorea.com　대표 트레이너 심교준 nlpshim@hanmail.net

◉ NLP 프랙티셔너 코스(국제 공인)

　– 전체 4단계 80시간(10일) 코스

· 자기성장과 자기계발을 위한 최고의 코스

· 최신 심리학인 신경언어학을 기반으로 한 획기적인 자기 변화 실현

· 두뇌의 숨겨진 비밀 기능을 최대한 이끌어내 사용하게 하는 두뇌활용법

· 개인의 삶의 변화는 물론 비즈니스 현장에서의 활용도가 높은 각종 기법 체득

· 코스 내용이 NLP코칭 기법 교육 그 자체로서 코칭의 기본 확립

· 이론 보다 실습 위주로 근육에 새겨 넣는 체험적 훈련

코스 단계	소요일수	과정내용
1단계 OAF Start Line	2일	NLP의 개요, 전제, 사고방식, 개념, 용어, 대표체계, 근본 사고방식 등
2단계 Outcome(Vision)	2일	의식차원, 아웃컴, 궁극적 아웃컴, 본받기, 탁월성의 원, 시간선, 의식차원 통합 등
3단계 Communication	2일	커뮤니케이션 기초, 3요소, 긍정적 의 도Yes And 화법, 구체적 질문 모형 등
4단계 Integration	2일	비유, 참된 나를 찾는 여행, 멘터의 메시지, 상호 평가 등

⊙NLP 마스터 프랙티셔너 코스(국제 공인)

　– 전체 4단계 80시간(10일) 코스

• 프랙티셔너 코스를 심화하고 확장하여 NLP 전문가를 완성하는 결정판
• 프랙티셔너의 단순 반복이 아니라 별도로 특화된 다양한 치유 기법 위주
• 자기 수용, 화해, 용서로 이어져 존재의 축복으로 마무리 되는 감동의 10일간

코스 단계	소요일수	과정내용
1단계 알파 코스	3일	본받기, 상대방 되어보기, 메타 모형, 스코어 모형, 디즈니 전략 등
2단계 베타 코스	2일	핵심 상태, 현자와의 대화, 6단계 의미 전환, 밀튼 모형, 유연성, 3D 시간선 등
3단계 감마 코스	3일	신념 변환, 감정적 속박에서의 해방, 부정 적 감정 풀기, 용서, 재각인, 애도의식 등
4단계 오메가코스	2일	신념과 자아정체성의 통합, 무언극, 내적 자아들의 잔치, 상호 평가 등

2010.2.24

나의 긍극적 아웃컴(꿈)

- 나의 기획으로 여성들을 활력 있거

실현했을 때의 증거

- 기획한 여행을 모집하자마자
   예약이 가득 찬다

나의 아웃컴(목표)

- 팀의 기획 업무가 궤도에 오른다

실현했을 때의 증거

- 기획한 여행이 실현됨
- 팀의 목표 숫자가 달성됨

실현을 위한 전략, 계획

- 우선 사내 홍보 활동을 한다
- 숙박업소 등 현지 조사

아웃컴을 향하여

- 추진 멤버를 구성한다
- 기획 의도와 내용을 이해시킴

아웃컴 실현을 가로막는 것

- 아직 해보지 않아 자신이 없다
- 시장 조사가 충분하지 않다
- 현지 호텔 등과 인맥이 없다
- 다른 기획 영업팀의 우려가 있다

내가 할 일

- 상사를 적극 참여시킨다
- 추진 멤버를 선별한다

나의 리소스(자원)

- 사내 인맥이 넓다
- 지원해 주는 주위 사람이 많다
- 하고자 하는 강한 열정

현재   3개월 후   6개월 후   1년 6개월 후

20 . .

나의 궁극적 아웃컴(꿈)

....
....
....
....

나의 아웃컴(목표)

....
....
....
....

실현을 위한 전략, 계획

....
....
....
....

아웃컴을 향하여

....
....
....
....

아웃컴 실현을 가로막는 것

내가 할 일

....
....
....

나의 자원(리소스)

....
....
....

| 현재 | 3개월 후 | 6개월 후 | 1년 6개월 후 |

한언의 사명선언문

Since 3rd day of January, 1998

Our Mission　– 우리는 새로운 지식을 창출, 전파하여 전 인류가 이를 공유케 함으로써 인류 문화의 발전과 행복에 이바지한다.

– 우리는 끊임없이 학습하는 조직으로서 자신과 조직의 발전을 위해 쉼 없이 노력하며, 궁극적으로는 세계적 콘텐츠 그룹을 지향한다.

– 우리는 정신적, 물질적으로 최고 수준의 복지를 실현하기 위해 노력하며, 명실공히 초일류 사원들의 집합체로서 부끄럼 없이 행동한다.

Our Vision　한언은 콘텐츠 기업의 선도적 성공 모델이 된다.

저희 한언인들은 위와 같은 사명을 항상 가슴속에 간직하고
좋은 책을 만들기 위해 최선을 다하고 있습니다.
독자 여러분의 아낌없는 충고와 격려를 부탁 드립니다.

· 한언 가족 ·

HanEon's Mission statement

Our Mission – We create and broadcast new knowledge for the advancement and happiness of the whole human race.

– We do our best to improve ourselves and the organization, with the ultimate goal of striving to be the best content group in the world.

– We try to realize the highest quality of welfare system in both mental and physical ways and we behave in a manner that reflects our mission as proud members of HanEon Community.

Our Vision　HanEon will be the leading Success Model of the content group.